Series de culto
el otro Hollywood

Abdessamed SAHALI

Traducción de F. Javier Lorente

«Otra vuelta de tuerca», por F. Javier Lorente

MA NON TROPPO
ShowTime

MA NON TROPPO
ShowTime

UN SELLO DE EDICIONES ROBINBOOK
información bibliográfica
Indústria, 11 (Pol. Ind. Buvisa)
08329 - Teià (Barcelona)
e-mail: info@robinbook.com
www.robinbook.com

Título original: *Séries Cultes. L'autre Hollywood*

Diseño de cubierta: Sylvain Kaslin
Diseño interior: Joséphine Cormier
Compaginación: Paco Murcia

ISBN: 978-84-96924-09-3
Depósito legal: B-50.017-2007

Impreso por Reinbook Imprès, Pol. Ind. Can Calderón,
C/ Múrcia 36, 08830 Sant Boi de Llobregat

Impreso en España - *Printed in Spain*

A mi padre

Sumario

Una nueva edad de oro

No cuesta demasiado colgar la etiqueta de «edad de oro» a cualquier período de intensa creatividad. Ya se empleó en los lejanos años cincuenta cuando, llevada por la necesidad, la televisión estadounidense abordó la producción masiva de obras de ficción. El marchamo se recuperó en los ochenta, justo cuando una nueva generación de autores comenzaba a tomar el relevo. Y, sin embargo, ¿cómo podríamos considerar si no a nuestra época, cuando se producen cada año centenares de nuevas series en Estados Unidos que incluso desbordan las parrillas de nuestras programaciones hasta ocupar los primeros puestos en las listas de ventas de DVD o de descargas en Internet? ¿Cómo podría explicarse que un realizador de series de televisión disponga de un presupuesto de 150 millones de dólares para rodar su primera película cinematográfica?

Por supuesto, en toda esta vorágine hay algo de locura y desenfreno, si bien por el momento no hay ninguna señal que indique que vaya a detenerse, sino todo lo contrario, pues nunca antes se había mostrado de una manera tan compleja. Con el paso del tiempo, hemos llegado a una situación cuanto menos sorprendente: cada día millones de personas participan del mismo imaginario. Da igual si los personajes poseen una psicología compleja o no, o si se embarcan en prodigiosas aventuras o se dejan enzarzar en intrincados amoríos, ese «otro Hollywood» no tiene nada que envidiar a quienes trabajan para la gran pantalla. De hecho, se los puede considerar complementarios, pues no en vano las series heredan de sus «hermanas mayores» un gusto por la narración folletinesca –ya olvidado o, por lo menos, relegado a las producciones de serie B– a la que han sabido insuflar un gusto por la expresividad de la palabra que las emparenta con los seriales radiofónicos. Gracias a ello hoy disfrutamos de un estilo rico y trepidante repleto de diálogos de una gran eficacia.

Como cualquier otra industria del entretenimiento, el universo de las series de televisión posee reglas propias, temas más o menos predilectos y valores específicos. No cabe duda de que se trata de una industria definida por sus géneros, dominada por sus creadores y concebida para reflejar las múltiples facetas de la sociedad estadounidense, ya que pese a sus estrechos lazos con el séptimo arte, tampoco se ha desvinculado de lo real. Sus historias, que muy bien podrían situarse en un cruce de caminos entre el arte, la economía, la cultura, la política y lo social, merecen nuestra atención.

Bienvenidos. El viaje está a punto de comenzar.

We Sell
We Trade
Compact Discs
Records
Tapes

1 Un género hecho a medida

En el vasto universo de las series de culto se encuentra de todo, como en botica. *Friends* se ha convertido en la reina de las *sitcom*, *The Young and the Restless* es el culebrón por antonomasia y la ciencia ficción no sería la misma si no hubiese existido *Star Trek*. Intriga, drama, terror, *western*... cualquier género o temática tiene cabida en la pequeña pantalla, aunque, eso sí, debe atenerse a unos patrones determinados.

Zorro, o cómo Disney se apoderó de todos nosotros

Cuando un estudio y una cadena de televisión cierran un trato, ambos esperan obtener un provecho aun a costa de los intereses de la otra parte, por lo que no es extraño que surjan tensiones que acaben por dar al traste con una serie que gozaba de gran aceptación.

Para hacer frente a las cadenas de la competencia, mucho más populares, la ABC firmó un acuerdo en 1954 con Walt Disney para emitir programas dirigidos al público familiar. Agobiado por numerosos problemas financieros y al borde prácticamente de la bancarrota por culpa de su proyecto de parque de atracciones, Disney confiaba con la posibilidad de obtener una nueva fuente de ingresos.

En esas circunstancias nació en 1957 *Zorro,* una serie protagonizada por un personaje salido de la literatura *pulp* cuyos derechos había adquirido Disney años atrás. Con el fin de reducir los costes de producción, se optó por rodarlo en blanco y negro, una decisión de la que se arrepintió más adelante, ya que su redifusión exigió un tratamiento de coloreado que le ocasionó un desembolso aún mayor.

No fue éste su único error. En el contrato inicial firmado con ABC, la cadena se comprometía a participar en la financiación de Disneylandia a cambio de los derechos de veto y exclusividad de todos los programas así como de la totalidad de los beneficios obtenidos por las consumiciones realizadas en el parque durante un período de diez años. A partir de 1959, el proyecto de Disney comenzaba a dar sus primeros beneficios y no deseaba compartirlos con la ABC, por lo que se propuso ofrecer sus producciones al mejor postor. Por su parte, la cadena deseaba recuperar tiempo de emisión para sus propios programas y optó por suprimir el *Mickey Mouse Club.* Disney, enfurecido, decidió interrumpir el rodaje de *Zorro.* Tras una batalla judicial que duró bastantes años, el padre del famoso ratón se salió con la suya y firmó un nuevo contrato con la NBC en 1961, pero sin *Zorro,* ya que el actor Guy Williams prefirió quedarse con el 2,5 % de las enormes ventas del *merchandising.* Por una de esas ironías de la historia, en 1996 el grupo Disney compró la ABC. Sin rencor.

Guy Williams, el inolvidable Zorro de los años cincuenta.

«Un caballero surgido de las
sombras se dirige al galope
en pos de la aventura.
Su nombre, una rúbrica
a punta de espada:
¡la Z del Zorro!»

Texto de presentación
de la serie

Star Trek: ¿demasiado visionaria?

No es muy frecuente que una serie que haya calado tanto en la cultura popular tenga una historia tan complicada. Si Neil Armstrong hubiese puesto antes su pie en la Luna, quizá todo hubiese sido distinto.

La *USS Enterprise NCC-1701.*

El 8 de septiembre de 1966, Gene Roddenberry pudo ver cómo el proyecto de ciencia ficción humanista que había albergado durante tanto tiempo saltaba a la pequeña pantalla. Tras un primer episodio piloto rechazado por la NBC al considerarlo demasiado sombrío e intelectual, *Star Trek* parecía tener el campo abierto.

Pero el resultado fue desolador. El público apenas mostró interés por una historia protagonizada por una comunidad de científicos y diplomáticos que exploraban el universo. Al cabo de tres meses de emisión, los directivos de la cadena comenzaron a plantearse la posibilidad de cancelar la serie. La respuesta no se hizo esperar: varios escritores de ciencia ficción –entre los cuales se encontraban algunos de los guionistas– se pusieron en contacto con las asociaciones de aficionados para publicar una carta abierta en defensa de un género al que se consideraba menor.

Decenas de millares de cartas llegaron a los despachos de la NBC. La cadena, por miedo a la mala prensa, concedió una nueva oportunidad a la serie, si bien relegó los capítulos de la segunda temporada a un horario casi intempestivo: los viernes por la noche. El público estudiantil, entre los que se contaba la mayor parte de los aficionados, no pudo seguirla y las cifras de

> **«El espacio, la frontera final. Éstos son los viajes de la nave espacial *Enterprise*. Su misión: descubrir nuevos mundos, ir a donde el hombre jamás ha llegado.»**
>
> **(Texto de presentación de la serie)**

Junto con el capitán James Kirk (William Shatner) y el emblemático doctor Spock (Leonard Nimoy), el equipo encargado de contactar con otras formas de vida.

audiencia volvieron a caer. Se volvió a plantear la cancelación y las protestas arreciaron. La NBC se resignó a programar una tercera temporada, si bien en esa ocasión tomaría las riendas de la producción.

Los nuevos episodios, mucho menos interesantes, causaron la deserción de los últimos fans y la aventura se dio finalmente por terminada en marzo de 1969. Unos meses más tarde, Neil Armstrong puso el pie sobre la Luna y la ciencia ficción comenzó a granjearse el favor del gran público. En los años setenta, algunas cadenas locales adquirieron los derechos de redifusión de *Star Trek* y la programaron una y otra vez, hasta el punto de convertirla en un icono de la cultura pop estadounidense. En la actualidad, apenas puede uno guiarse entre la jungla de adaptaciones cinematográficas, novelas y series más o menos relacionadas con ella. La solución de tal enigma parece sencilla: cuarenta años después, continúa manteniendo su vigencia. La venganza es un plato que se sirve frío.

Misión imposible... incluso los fines de semana

Serie extremadamente cara, los productores se vieron en la tesitura de prescindir de su actor protagonista, judío practicante, en aras de racionalizar el trabajo.

Peter Graves, quien comenzó como mero sustituto del actor que interpretaba a Jim Phelps, se convirtió en el alma de la serie desde la segunda temporada.

Producida por Lucille Ball –quien confesó no haber entendido nada del guión utilizado para el episodio piloto–, *Misión imposible* (*Mission: Impossible*) siempre estuvo en deuda con ella, ya que puso su propio programa sobre la mesa a la hora de obligar a la CBS a programar la serie. Por desgracia, los costes de rodaje fueron tan altos que llevaron a la quiebra a la productora Desilu. El estilo y el perfeccionismo que quiso imponer Bruce Geller, su creador, complicaron aún más si cabe la tarea. Inspirado en el montaje publicitario, recurría a primeros planos de objetos que ralentizaban el rodaje hasta el punto de prolongarse durante toda una semana.

«Buenos días, señor Phelps. Su misión, si la acepta...»

Tal ritmo de trabajo ocasionó más de un quebradero de cabeza. Steven Hill, el actor que daba vida a Dan Briggs, el jefe de la agencia IMF, planteó un grave problema. Judío practicante, su contrato le permitía dejar de trabajar los viernes a partir de las cinco de la tarde para respetar el sabbat, así como ausentarse en los períodos de festividad judíos. Al final de la temporada, Steve Hill apenas aparecía en pantalla y Martin Landau se convirtió en el protagonista principal.

La dichosa cláusula que Hill se empeñó en mantener acabó por jugarle una mala pasada cuando fue necesario cambiar las condiciones de producción para mejorar la situación. De hecho, la cadena estuvo encantada de prescindir de un actor al que consideraba falto del carisma necesario para un papel como el suyo. Bruce Geller se vio obligado a prescindir de él y buscar a un sustituto. Así fue como Peter Graves se convirtió en Jim Phelps.

Curiosamente, al principio de la segunda temporada, en septiembre de 1967, no se dio ninguna explicación al público sobre el traspaso de poderes del antiguo al nuevo jefe.

El reparto original de la primera temporada: Steven Hill, Martin Landau, Barbara Bain y Greg Morris.

The Young and the Restless: pasión para todos los públicos

Aunque esta serie fue concebida en un principio para las amas de casa que deseaban distraerse un poco durante la sobremesa, pronto comenzó a suscitar el interés de deportistas, investigadores y políticos.

Con más de treinta años a sus espaldas y cientos de millones de espectadores en todo el mundo, *The Young and the Restless* mantiene todo su encanto. Creada en 1973 por Lee Philip y Bradley Bell, con una carrera acendrada en el terreno de los *culebrones* o *soap operas,* la serie fue considerada desde un primer momento como un acontecimiento fuera de serie por su capacidad de tratar temas cotidianos de un modo insólito hasta entonces. Desde un punto de vista estético, posee un aspecto sombrío, si bien los actores siempre aparecen vestidos con prendas mucho más claras a fin de que el telespectador los siga con más interés.

La serie se basa en una sucesión permanente de matrimonios, adulterios, divorcios, enfermedades, nacimientos y muertes intercaladas entre todo tipo de situaciones sin apenas relevancia, ya que el público debe tener la posibilidad de seguir las peripecias de los protagonistas sin demasiado esfuerzo y, sobre todo, mientras realiza otras actividades domésticas –como planchar la ropa, por ejemplo–. Concebido para amas de casa de una cierta edad, *The Young and the Restless* superó con creces el cliché.

> «Amor, alianzas, odio, dolor…
> El apasionante mundo
> de los habitantes
> de Genoa City.»
>
> Eslogan promocional de la cadena francesa TF1

Así, en 1976, la gimnasta rumana Nadia Comaneci utilizó la sintonía inicial para la actuación que le valió la medalla de oro en los Juegos Olímpicos de Montreal. Hoy en día, aún muchos recuerdan la pieza con el título de *Nadia's Theme.* Por si fuera poco, numerosos licenciados la convirtieron en tema de estudio para su tesis doctoral, sobre todo en las áreas especializadas en crítica feminista y estudios de género. En 1998, durante las elec-

Victor Newman y Ashley Abbott Carlton, dos de los protagonistas de la serie, en una de las pocas escenas rodadas en exteriores.

ciones regionales francesas, el antiguo primer ministro, Édouard Balladur, hizo una alusión a la serie (conocida en el país vecino como *Les Feux de l'Amour*) para referirse al espectro político de la época además de confesar que su mujer la seguía con cierto interés y él la acompañaba de vez en cuando. No ponga esa cara: más de un político de estos lares se cree un galán de telenovela o... un justiciero enmascarado.

Corrupción en Miami: la música no siempre amansa a las fieras

Más interesado en la forma que en el fondo, el productor Michael Mann aprovechó la ocasión para tratar ciertas cuestiones de estilo que, salvo ciertas excepciones, apenas tuvieron cabida en las series de la época.

En 1984, el gran éxito de la cadena MTV, inaugurada tres años atrás, propició la aparición de la industria del videoclip. La estética televisiva experimentaba por aquel entonces una profunda renovación y Brandon Tartikoff, a la sazón director de la NBC, no quiso quedarse atrás.

> «Donde esté el dinero, allí habrá acción.»
>
> Anthony Yerkovich, creador de la serie

En su bloc de notas escribió tan sólo dos palabras: *MTV* y *cops* («polis»). Luego, rebuscó entre los proyectos de series policíacas que guardaba en su cajón. Le llamó la atención uno que había preparado Anthony Yerkovich, uno de los guionistas de *Canción triste de Hill Street.* El título: *Dos polis en Miami.* Para la sinopsis, Yerkovich se había basado en un reportaje aparecido en *Time Magazine* en el que se describía cómo las fuerzas especiales de la policía, como el FBI o la brigada de narcóticos, empleaban los bienes decomisados para operaciones encubiertas. Tartikoff, por su parte, imaginó a los protagonistas alternando en los ambientes más lujosos. Sin duda, aquello tendría gancho.

Dicho y hecho: dio luz verde al proyecto, para el que reclutó a Michael Mann, quien salía de dos sonoros fracasos en el cine, y al que encargó que definiese el estilo de la futura serie. La elección no fue baladí: Mann siempre ha sido un formalista que presta gran atención a la combinación de colores, el atrezo, el vestuario, el montaje y, por supuesto, la música. La banda sonora estaría trufada de éxitos del momento así como de algunas composiciones originales, a medio camino entre el rock y el tecno, a cargo de Jan Hammer, un músico de origen checo procedente del jazz fusión que se había convertido en un virtuoso del sintetizador. Por si fuera poco, el reparto contaría con la presencia de ciertas estrellas de la música popular que no

Don Johnson y Philip Michael Thomas, los héroes de *Corrupción en Miami*, estrenada el 16 de septiembre de 1984.

dudaron en aceptar la propuesta. Phil Collins, Leonard Cohen, Frank Zappa, Miles Davis, Isaac Hayes y muchos otros se dejaron caer en algún que otro episodio. Gracias al éxito de *Corrupción en Miami* (*Miami Vice*), las series contaron con un presupuesto de producción más nutrido... y los espectadores pudieron alegrarse más la vista.

Friends, o cómo el dinero ayuda a tener amigos

Los seis actores protagonistas han demostrado que se puede ser amigo tanto en la serie como fuera de la pantalla. ¡No hay nada como el buen rollito a la hora de ponerse a trabajar!

En mayo de 2000, al final de la sexta temporada, expiraron los contratos de los actores. Entonces era habitual comprometerse por un período de tiempo tan largo. Sin embargo, había llegado el momento de saber si todos estaban dispuestos a seguir a bordo. Los resultados no eran demasiado buenos y sólo la aparición estelar de Bruce Willis –que interpretaba a un personaje con una depresión crónica– había ayudado a remontar una serie lastrada por unos guiones que dejaban mucho que desear. Sin embargo, ni la Warner Brothers ni la NBC –que se repartían las tareas de producción y emisión, respectivamente– estaban dispuestas a acabar con su gallina de los huevos de oro.

Una periodista: No puedo pasarlo por alto. Además de *Días de nuestras vidas*, ¿cuál es su serie preferida?
Joey: Oh, paso de las series. Disculpe, pero tengo más cosas que hacer, ¿sabe?
Friends

Para convencer a los actores hubo que pasar por caja. Tras semanas de negociación, que culminaron con el rodaje del último episodio, los productores no tuvieron otra salida que ceder a las exigencias de las estrellas, quienes se consideraban mal pagadas en comparación con los ingresos a escala mundial. La solución era sencilla: multiplicar las sumas por seis; es decir, pasar de los 125.000 dólares que cobraban por episodio a 750.000, sin duda, muy lejos de su sueldo inicial, de apenas 7.500 dólares. Con todo, quizá lo más importante fue la manera de hacerlo: los actores decidieron unirse para reclamar los mismos honorarios en lugar de hacerlo cada cual por su cuenta –una situación que suele conducir a cambios repentinos de reparto–. La amistad también puede dar beneficios. No en vano, a partir de la novena temporada pasaron a cobrar un millón de dólares por episodio.

Por desgracia, la treta no siempre da resultado. Que se lo digan si no a los actores franceses que se encargaron de doblar la serie, quienes sólo cobraron lo estipulado por los convenios colectivos de sus sindicatos a pesar del éxito obtenido. A principios de 2003, declararon una huelga de cuatro meses que interrumpió la emisión. Sus reclamaciones iban más allá del sueldo, ya que exigían un porcentaje de las ventas de DVD y el abono de sus derechos de autor en el caso de redifusión. Resultado: se cambiaron tres voces. No estaba el horno para bollos y menos si se corría el riesgo de sentar un peligroso precedente. Quien tiene un amigo tiene un tesoro. O eso dicen.

El equipo de *Friends*. De izquierda a derecha: Courteney Cox-Arquette, Matthew Perry, Jennifer Aniston, David Schwimmer, Lisa Kudrow y Matt LeBlanc.

A dos metros bajo tierra: por encima de la media

O cómo un guionista galardonado con el Oscar realiza por encargo una obra maestra para la televisión.

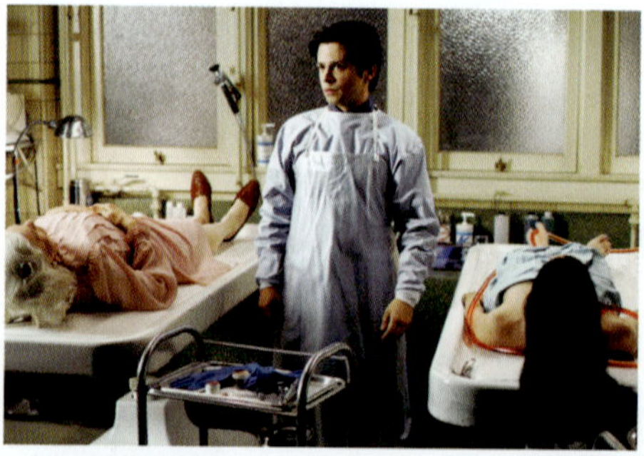

Cuando uno se acuesta tras la ceremonia de los Oscar abrazado a una de las estatuillas, puede dar por seguro que las llamadas telefónicas no le dejarán dormir demasiado. Alan Ball, premiado en marzo del año 2000 por su guión para *American Beauty,* forma parte de ese grupo de elegidos. Por un lado, la presidenta de HBO deseaba una nueva serie que profundizase en los entresijos de una familia disfuncional como la que protagoniza *Los Soprano,* pero fuera del ambiente mafioso. Había pensado en una que dirigiese una empresa de pompas fúnebres y propuso a Ball que desarrollase la idea. Encantado, el joven guionista consideró que se le brindaba la posibilidad de crear una gran obra que, gracias al gusto por la innovación de la cadena estadounidense, podría llevar hasta sus últimas consecuencias, tal como había hecho en *American Beauty* –lo cual dice mucho, y no demasiado bueno, del cine americano.

«En la cultura americana, la muerte es un tema tabú. Simplemente, me pregunté cómo es la gente que trata con ella a diario. Se les paga para que lo hagan en nuestro lugar. ¿Hasta qué punto eso influye en sus vidas?»

Alan Ball

A dos metros bajo tierra (*Six feet under*) puede considerarse un folletín existencialista en el que, a partir de uno de los mayores tabúes de la sociedad occidental, la muerte, se evoca justo todo lo contrario. Mediante la exploración de los sustratos más profundos de la psique de sus personajes, Alan Ball perfila un cuadro de la condición humana más realista que

Los dos hermanos Fisher (Michael C. Hall y Peter Krause) quedan al cargo de la empresa de pompas fúnebres tras la muerte de su padre.

sombrío, tal como se puede ver desde el episodio piloto.

Nathaniel Fisher muere en accidente de coche horas antes de celebrar la cena de Nochebuena, en la que Nate, el protagonista, iba a tomar parte tras años de ausencia. Por si no fuese suficiente, tendrá que enfrentarse con su madre, Ruth, muy posesiva y que tiene una aventura con otro hombre; con su hermano David, un gay que todavía no ha salido del armario y que dirige el negocio familiar; y su hermana Claire, una adolescente más que rebelde a la que la muerte de su padre la pilla después de haber estado tomando drogas con su nuevo novio.

Durante cinco temporadas –y ni una más–, *A dos metros bajo tierra* mantiene el ritmo sin desfallecer en ningún momento, lo cual la convierte en una gran serie dramática. El hecho de que la televisión haya podido acoger a una obra maestra de tal envergadura demuestra hasta qué punto el medio ha alcanzado una madurez que otras disciplinas relacionadas con el sector del ocio deberían envidiar.

2 Detrás de las cámaras

Si bien los directores de cine se han convertido en grandes estrellas del mundo del cine, pocas veces se tiene en cuenta que el éxito de una serie de televisión debe mucho a los guionistas y productores. J.J. Abrams y Steven Bochco se han convertido en los grandes referentes de un género que tiene por maestro insustituible a Aaron Spelling, siempre atento a lo que pueda interesar al público.

Rod Serling: el autor omnipotente

Con *La dimensión desconocida,* serie a la que permanecerá ligado para siempre, Rod Serling se encargó tanto de la producción como de los guiones sin saber que, a la larga, se convertiría en un modelo para las nuevas generaciones de creadores.

Junto con las series tradicionales que solemos ver una semana tras otra, en las que apenas cambian los decorados o los personajes, existen otras que podrían considerarse como antologías en las que, bajo una premisa común, ofrecen una historia distinta en cada entrega. Un buen ejemplo de ellas sería *La hora de Alfred Hitchcock.*

Nacida en 1959, *La dimensión desconocida* (*Twilight Zone*) tuvo un impacto no menos importante, si bien –al contrario que en el caso del maestro del suspense– la serie era fruto del trabajo de un solo hombre. Rod Serling, guionista de profesión, firmó un contrato con la productora para escribir el 80 % de las historias. El título, también de su cosecha, le jugó una mala pasada, ya que *twilight zone* («zona crepuscular») es un término empleado en aviación militar para designar el instante en el que el piloto pierde de vista la línea del horizonte durante el aterrizaje. De ahí el texto que preparó para la presentación que se escuchaba al empezar cada capítulo.

> «Al igual que el crepúsculo que existe entre la luz y la sombra, hay en la mente una zona desconocida en la cual todo es posible. Todo es posible en el reinado de la mente. Todo es posible en *La dimensión desconocida.*»
>
> Texto de presentación de la serie

Sus apariciones, primero con su voz en off y luego ya ante la cámara, convirtieron a Serling en una figura mítica de la televisión estadounidense. Se convirtió, por encima de todo, en el precursor de una figura que tendría gran éxito más adelante: el autor omnipotente que ejerce un férreo control sobre cada uno de los aspectos de la obra, si bien, quizá por razones económicas, hubo de ceder ante las presiones de la CBS, que deseaba rodar en vídeo los episodios previstos para la segunda sesión.

Tras su clausura en 1965, la serie se ha repuesto prácticamente sin pausa, hasta el punto de dar pie a algunos *remakes* durante los años ochenta y los noventa. Serling no sólo nos ha legado una manera de entender la profesión, sino también una concepción muy particular de lo fantástico. Sus guiones destacan por su inventiva y, sobre todo, por su maestría a la hora de introducir elementos extraños en argumentos casi hiperrealistas, hasta el punto de convertirse en un estilo en sí mismo.

«Intrigar al espectador, estremecerlo con un hecho imprevisto, sorprendente y singular», tal era, en palabras del propio Serling, el objetivo de las historias presentadas en *La dimensión desconocida*.

Quinn Martin: el invasor

Productor estrella durante los sesenta, responsable del éxito de *Los intocables* y *El fugitivo,* Quinn Martin se las apañó para tener la última palabra en todos los proyectos que le propusieron, hasta el punto de convertirse en una persona intratable durante el proceso de producción de *Los invasores*.

A mediados de esa década, los estadounidenses seguían con pasión cuantas noticias aparecían sobre el fenómeno ovni. Por aquel tiempo, el miedo al *peligro rojo* estaba en su apogeo y a Larry Cohen, un joven guionista, le pareció oportuno tratar ambos temas en una serie de televisión. Tras un primer encuentro con extraterrestres, David Vincent se convertirá en la única persona capaz de identificar a algunos que han adoptado forma humana y frustrar sus planes de dominación.

El productor Quinn Martin, que acababa de clausurar *El fugitivo* con gran éxito de audiencia y crítica, recibió el encargo de la ABC para desarrollar la serie mano a mano con Cohen. En el proyecto inicial, se había previsto que David Vincent pudiera reconocer a «los invasores» gracias a un ojo que les brotaba en la palma de la mano. Martin lo consideró ridículo y demasiado difícil de poner en práctica, por lo que Cohen propuso otro rasgo: un meñique rígido. Aunque la idea tampoco era como para echar cohetes, por lo menos no parecía demasiado complicada.

El diseño de los platillos volantes se inspiró en las fotografías «tomadas» por George Adamski, mientras que los decorados representarían lugares desérticos a fin de crear un ambiente más angustioso. Sin embargo, Quinn Martin, deseoso de que la serie se ajustase a sus criterios, mandó reescribir los veintidós guiones que Cohen había preparado por considerarlos insuficientes. Por si fuera poco, rechazó la propuesta de que el protagonista tuviese una apariencia vulnerable y contrató a Roy Thinnes por su frialdad y parecido con Paul Newman. Martin poseía mayor experiencia que su compañero y contaba con la plena confianza de los directivos de la cadena. Quizá demasiada, ya que la serie terminó al cabo de dieciocho meses, después de que ambas partes llegasen a una situación irreconciliable.

Cuando David Vincent (Roy Thinnes) presenció el aterrizaje de un platillo volante, no le cupo ninguna duda de que debería hacer todo lo posible por informar a sus semejantes de que los extraterrestres se proponían colonizar el planeta.

«Los invasores. Seres venidos
de otro planeta.
Su destino: la Tierra.
Su objetivo: conquistarla.
David Vincent los ha descubierto.
Para él, todo comenzó una noche,
en una carretera secundaria,
mientras buscaba un atajo
que nunca encontró.»
Texto de presentación
de la serie

Aaron Spelling y el don del olfato

Producto de la parte más caricaturesca de la industria hollywoodiense, el productor ha acabado por centrarse en los aspectos más lucrativos del negocio para extraer de ellos hasta la última gota.

Tímido, delgado, no demasiado contento consigo mismo, Aaron Spelling huye de las multitudes como de la peste y prefiere refugiarse en la mansión de 123 habitaciones que tiene en las montañas que rodean Los Ángeles. Productor multimillonario, su nombre aparece rutilante en más de un centenar de series y telefilmes realizados en su mayor parte para la ABC, cadena que alguien, en un alarde de guasa, rebautizó como Aaron Broadcasting Company.

Asociado con Leonard Goldberg, se hizo un nombre desarrollando series con las que intentó renovar el panorama televisivo. En 1975 dio la campanada con *Starsky y Hutch,* la primera serie protagonizada por una pareja de policías. Un año después, obtuvo un nuevo éxito con *Los ángeles de Charlie* (*Charlie's Angels*), esta vez protagonizada por un trío de bellas féminas. Ya en solitario, Spe-

Aaron Spelling, el genio de las series de televisión.

Paul Michael Glaser y David Soul, los míticos Starsky y Hutch.

lling prosiguió desarrollando un estilo que le ha caracterizado hasta ahora, en el que la comercialidad más descarada coquetea con el kitsch. La mezcla no le dio malos resultados, tal como se comprobó en 1977, cuando se estrenó *Vacaciones en el mar* (*The Love Boat*) –en uno de cuyos episodios llegó a participar quien más tarde se daría a conocer como Chiquito de la Calzada–. Su fórmula quedó completamente revalidada con *Fantasy Island* (1978) y *Hotel* (1983), si bien siempre estuvo atento a los logros ajenos, tal como demostró con *Dinastía* (*Dynasty,* 1981), quizá su trabajo más importante, en la misma línea que *Dallas,* o con *Hart y Hart* (*Hart to Hart,* 1985), calcada de *Corrupción en Miami* (*Miami Vice*). Incluso llegó a hacer un *spin-off* de *Dinastía, Los Colby* (*The Colbys,* 1985), poco después de que los creadores de *Dallas* probasen suerte con *Costa Oeste* (*West Coast*).

Fallecido en 2006, Spelling solía decir: «Entre 150 críticos y 150 millones de espectadores, sé qué escoger». Y quién no.

Su oportunismo, que nunca disimuló, no sólo lo convirtió en el productor más rico, sino también en el más atacado y vilipendiado. Acusado de fraude y malversación de fondos, fue exculpado de todos los cargos, hecho que le permitió encarar los últimos años de la década de los ochenta con más fuerza si cabe y colocarse de nuevo en la cresta de la ola. Sus últimas creaciones, *Sensación de vivir* (*Beverly Hills 90210*), estrenada en 1990 y protagonizada, entre otros, por su hija Tori, *Melrose Place* (1992) y *Embrujadas* (*Charmed,* 1998), lo mantuvieron en la cima.

Steven Bochco: el renovador

Jamás un autor ha tenido una influencia tan grande sobre sus colegas. Steven Bochco ha abierto nuevos caminos y ha definido las líneas maestras que caracterizan a las series modernas. Tras veinticinco años, sus creaciones continúan marcando el ritmo.

Tras hacese cargo de los guiones de la primera temporada de *Colombo* y aprender los trucos del oficio, Steven Bochco abandonó Universal para fichar por MTM, entonces una pequeña productora independiente especializada en comedias. Junto con su compañero Michael Kozoll, se hizo cargo de diversos telefilmes que llamaron la atención de los directivos de la NBC, a los que presentaron un proyecto centrado en el personal de un gran hotel.

Sin embargo, la NBC deseaba un *thriller*. Bochco y Kazall aceptaron el reto, no sin antes exigir libertad artística, ya que pretendían, al menos al principio, atraer al público femenino de la sobremesa con un programa de *prime time*, una franja reservada en aquel tiempo a los hombres gracias a *Mannix, Kojak* o *Starsky y Hutch*. En 1980 se estrenó *Canción triste de Hill Street* (*Hill Street Blues*), una serie que, sin duda, constituyó todo un hito en la historia de la televisión estadounidense. Mezcla de culebrón y telefilme policíaco, gracias a su estilo visual realista y su corrosivo sentido del humor, la acción se centraba en las vicisitudes del personal de una comisaría de una ciudad cualquiera de la Costa Este, algo que permitió tratar todos los problemas sociales de la época bajo un prisma desencantado. Por si fuera poco, los autores integraron diversos elementos que se convirtieron en la base de cualquier serie moderna, como, por ejemplo, la multiplicidad de personajes, el desarrollo de diversas historias entrelazadas en un mismo episodio y el uso de la intriga y el romance para establecer la continuidad entre un episodio y otro.

Steven Bochco se ha atrevido a poner en antena series de gran complejidad, aunque siempre de una calidad y una sensibilidad irreprochables, gracias en buena parte a que siempre ha exigido hacer lo que quería.

El éxito fue completo: *Canción triste de Hill Street* obtuvo ocho premios Emmy ya en su primera temporada, algo insólito hasta la fecha. Aunque

El reparto de *Canción triste de Hill Street*, su mayor éxito.

Kozoll abandonó pronto el proyecto para escribir los guiones de las dos primeras entregas de *Rambo*, Bochco prosiguió dedicado al mundo de la televisión, para las que creó *La ley de Los Ángeles* (*L. A. Law*, 1986-1994), hasta el punto de que, en 1987, la cadena ABC le ofreció un contrato en exclusividad para que escribiese y produjese diez series, entre las que destacan *Un médico precoz* (*Doogie Howser, M.D.*), *Murder One* y, sobre todo, *Policías de Nueva York* (*New York Police Blues*), para la que redefinió los límites del género policíaco al introducir, por primera vez en televisión, escenas que incluían desnudos o diálogos con un lenguaje particularmente soez.

David Kelley: el obstinado

Trabajador incansable, no pasa ni un solo día sin que escriba algo sobre el mundo de la justicia o su ciudad fetiche.

David Kelley y su esposa, la actriz Michelle Pfeiffer.

El derecho y Boston son dos pilares sobre los que descansa buena parte de la producción televisiva de David Kelley. La razón es estrictamente autobiográfica, ya que durante un tiempo considerable ejerció como abogado en aquella ciudad, hecho que le permitió, más adelante, desarrollar historias que le han hecho famoso a escala mundial. En 1986 tuvo su gran oportunidad, poco después de que se comenzase a emitir *La ley de Los Ángeles* (*L.A. Law*), serie centrada en los casos que debían resolver los miembros de un bufete de abogados. Por aquel entonces, Steven Bochco buscaba a jóvenes profesionales del medio para mejorar su equipo de guionistas. Kelley aceptó con gusto y se convirtió en uno de los más brillantes.

No tardó mucho en asumir las tareas de productor ejecutivo. Su carrera iba viento en popa. Protegido por Bochco, preparan juntos *Un médico precoz* (*Doogie Howser, M.D.*), una comedia muy comercial que tuvo éxito. En 1992 se lanzó en solitario con *Picket Fences,* en la que se trataban temas tan espinosos como la eutanasia o la bigamia. Aunque la serie distaba mucho de estar centrada en el mundo judicial, los veredictos morales solían venir de la mano del juez Henry Bone (interpretado por Ray Walston), uno de los personajes principales.

> **«Cuando me dedico a escribir episodios en mi despacho, nunca acabo de creerme que serán vistos en el mundo entero. De hecho, no es fácil continuar si se es consciente de ello.»**
>
> **David E. Kelley**

Dos años después, estrenó *Chicago Hope,* una serie ambientada en un hospital que tuvo la mala suerte de coincidir con *Urgencias.* Sin embargo, no se dio por vencido y en 1997 presentó *Ally Mc Beal* y *The Practice,* las dos ambientadas en el mundo de la abogacía, si bien con un tono completamente distinto, ya que la primera era una comedia y la segunda, un melodrama. En 2000 dio un giro a su carrera con *Boston Public,* centrada en las dificultades a las que debe enfrentarse un director de instituto, si bien en 2002 volvió a la temática judicial con *Girls Club,* una serie de tintes antisexistas que hubo de cancelarse a causa de sus bajas cifras de audiencia. Kelley aprendió la lección y recuperó el espíritu de *The Practice* para crear un *spin off, Boston Legal,* con el que desde 2004 ha vuelto a dar rienda suelta a sus obsesiones. Quizá sea el único autor que, por decisión propia, trate casi siempre los mismos temas y, sobre todo, escriba sus propios guiones, algo que le ha granjeado el aprecio de sus colegas. No en vano, ha recibido nueve premios Emmy por su trabajo. ¿Qué más se puede pedir?

Kelli Williams y Dylan McDermott (*The Practice*).

Tom Fontana: del dicho al hecho

Fascinado por el crimen, el guionista Tom Fontana prefiere explorar el punto de vista de los policías antes que el de los criminales.

Tom Fontana comenzó a interesarse por el mundo del crimen cuando recibió el encargo de escribir diversos guiones para una serie de televisión ajena. Sus colaboraciones para *Homicidio* (*Homicide: Life on the Street,* 1993) le permitieron hacerse un nombre dentro de la profesión y, con el paso del tiempo, acabó por eclipsar a su creador.

> «Hay quien dice que no sabe cómo identificarse con los personajes, pero no hay ninguna razón por la que debamos acercarnos a todo el mundo. Creo que los guiones son lo suficientemente atractivos como para arrastrarnos a su interior.»
>
> Tom Fontana, a propósito de *OZ*

Basada en un reportaje sobre la policía de Baltimore publicado por el periodista y guionista David Simon, *Homicidio* está ambientado en la misma ciudad y se inspira en personajes y hechos reales. La serie retrata los aspectos más rutinarios del quehacer cotidiano de los inspectores, sin caer en tiroteos ni persecuciones, lo cual confiere a las historias un estilo único y más realista que la mayor parte de los *cop shows*, gracias sobre todo por el hecho de estar rodada en 16 mm. La crítica no escatimó elogios.

Quizá por su carácter tan innovador, *Homicidio* no tuvo un gran éxito de público. Ni siquiera el episodio piloto, emitido a continuación de la final de la Super Bowl de 1993, tuvo una acogida demasiado calurosa. Sin embargo, el hecho de que *TV Guide* la calificase como «la mejor serie que haya podido ver jamás» animó a la NBC a mantenerla en antena durante siete temporadas, hasta 1999, mientras Tom Fontana acumulaba un premio tras otro y se convertía en el niño mimado de los críticos de televisión.

Su interés por el mundo de las brigadas criminales lo llevó a fijarse en el mundo del hampa. No tardó dema-

Augustus Hill (Harold Perrineau, Jr.) es el narrador de *Oz*, una historia carcelaria que carece de personaje principal.

siado en proponer a la HBO su primera serie. En 1997 nacieron *Oz* y su inquietante mundo carcelario. Metáfora subterránea de los excesos de la sociedad estadounidense, *Oz* amplió los límites de lo que se consideraba admisible en televisión. Desnudos masculinos, drogas, lenguaje soez, violencia extrema... Fontana no teme a nada. Quizá por ello se ha hecho tatuar el logo de la serie. O simplemente se trate de una exigencia del guión.

J.J. Abrams: el cazador de cabezas

Criado en el medio (sus padres son productores de televisión), el nuevo *enfant terrible* de Hollywood acaba por arruinar la carrera de quienes apuesten por él. Una maldición que refleja sin duda el miedo a la audacia que caracteriza a los grandes magnates del mundo de las finanzas.

J.J. Abrams, productor de *Perdidos, Alias* y *Misión Imposible 3*.

Mimado por la ABC, cuya imagen se había visto renovada gracias a *Alias,* J.J. Abrams recibió una proposición de parte de Lloyd Braun, el presidente de la cadena. Sin embargo, éste se negó alegando que estaba desbordado por las aventuras de su espía y deseaba tener más tiempo para otros proyectos en los que estaba trabajando. En vista de la situación, se buscó la ayuda de otro guionista, Damon Lindelof.

La propuesta de Braun consistía en adaptar a la ficción la idea que sirvió de base a *Survivor,* un *reality show.* Para ello se barajó la posibilidad de que estuviese protagonizado por los supervivientes de un accidente de avión que hubiesen quedado confinados en una isla. Braun acudió a Abrams, en quien confiaba plenamente, y éste a su vez se puso en contacto con Lindelof, quien no sin cierta resistencia se dejó seducir por la idea y desarrolló numerosas líneas narrativas. Ya tenían algo con lo que trabajar. Poco después, con una historia bajo el brazo, negociaron la posibilidad de preparar un episodio piloto al que le habían puesto título: *Perdidos* (*Lost*).

Rodada en Hawai entre marzo y abril de 2004 durante un largo mes, el primer capítulo costó casi 10 millones de dólares. De hecho, un cuarto del presupuesto hubo de dedicarse a los

Perdidos, uno de los grandes éxitos televisivos del nuevo siglo.

gastos ocasionados por el transporte de los restos del avión a la isla. La cantidad, enorme para una serie de televisión, suscitó las iras de los directivos de Disney, propietaria de la ABC,

> «Con *Perdidos*, nos propusimos crear una atmósfera desde el principio. La idea de que no puedes ir hacia la luz si no partes de la completa oscuridad, de la tiniebla más profunda.»
> J.J. Abrams

y acabó con el despido de Lloyd Braun. Algunos meses más tarde, cuando se emitió el piloto, registró una audiencia de 18 millones de espectadores. Hacía mucho tiempo que no se tenían unos resultados como aquéllos. De un día para otro, J.J. Abrams se convirtió en el dueño del mundo y recibió lisonjas a diestro y siniestro.

Fan incondicional de *Alias,* Tom Cruise le propuso la producción de la tercera parte de *Misión imposible.* Con un presupuesto de 150 millones de dólares, Abrams se convirtió en el autor de la ópera prima más cara de todos los tiempos, además de firmar un contrato para otras cinco películas para la Paramount. Conceptualmente brillante, *Misión imposible 3* no recaudó lo previsto y rodaron algunas cabezas –como la de Cruise–. ¿A quién le tocará ahora?

3 Un reflejo de la sociedad estadounidense

Nuestras series preferidas abordan toda clase de temas: el amor, la amistad, el sexo... pero también los conflictos laborales, la violencia, la guerra y, cómo no, la política. Algunas de ellas son *sitcoms* bienintencionadas, como *La hora de Bill Cosby*; otras, en cambio, nos dejan un amargo sabor de boca, como *Over There*. Sea como fuere, la televisión se ha convertido en el espejo de una época en el que se refleja un sinfín de maneras de pensar que no siempre son cómodas.

Días felices: la gran familia

Durante las once temporadas que duró (entre 1974 y 1984), *Días felices* ofreció a muchos de sus personajes secundarios la posibilidad de explayarse a gusto en sus propias *sitcoms*.

De manera un tanto parecida al *revival* actual de los ochenta, la década de 1970 sucumbió ante una ola de nostalgia por los cincuenta. *Días felices* (*Happy Days*) era la respuesta televisiva a esa moda, análoga a lo que supuso *American Graffiti*, de George Lucas, en el cine.

Al principio, la serie se centró en los personajes de Richie y Potsie, dos jóvenes estudiantes que solían quedar con sus amigos en el Arnold's Drive In. En la primera temporada, Fonzie, el «macarra», hizo alguna aparición esporádica, aunque siempre memorable. El contraste entre su espíritu *cool* y la seriedad de Richie acabó por convertirse en el verdadero motor de cada episodio. Sus muecas, gestos (como el pulgar enhiesto) y expresiones («heeey», «de muerte») se hicieron tan populares que la ABC porfió para que la serie se convirtiese en *Fonzie's Happy Days.* Sin embargo, Garry Marshall –uno de los guionistas, además de futuro director de *Pretty Woman*– y Henry Winkler, el actor que daba vida al personaje, se opusieron.

Numero uno durante muchos años, *Días Felices* tan sólo fue batida por uno de sus *spin-offs, Laverne & Shirley*, dos antiguas novias de Fonzie y Richie que se mantuvieron en pantalla entre 1976 y 1983. Algunos críticos la motejaron de *TV junk food,* a lo que ABC respondió que la serie podía compararse con algunas obras satíricas de Molière, ni más ni menos. Sin embargo, no fue el único vástago. En 1978 se estrenó *Mork & Mindy*, en la que Robin Williams tuvo su primer papel protago-

> Fonzie: ¿Estabas fantaseando con una chica con la que no has estado nunca?
> Richie Cunningham: ¡Venga, Fonzie! ¿Nunca has soñado?
> Fonzie: Yo no soy un soñador. ¡Yo soy el sueño!
>
> *Happy Days*

nista: interpretaba a un extraterrestre que había viajado a la Tierra para estudiar a la especie humana... y tuvo la mala suerte de encontrarse con Richie. A pesar de su discreta acogida, duró hasta 1982. Ese mismo año comenzó la emisión de *Joanie loves Chachi*, dedicada a los amoríos entre la hermana pequeña de Richie y el primo de Fonzie. Tan sólo se rodaron diecisiete episodios y la serie se dio por acabada en 1983. No obstante, aún se probó suerte con *Blansky's Beauties* –con la tía de Richie–, *Out of the Blue* –en la que se narran las peripecias de un ángel que salva la vida a Chachi–, *The Fonz and the Happy Days Gang* y *Laverne and Shirley with The Fonz*, sendas versiones en dibujos animados que pretendían retomar el hilo de la serie madre en un momento en que Fonzie se había convertido en el único protagonista tras la marcha de Richie en 1980. ¿Se imaginan lo que hubiera pasado si *Médico de familia* hubiese tenido una progenie tan extensa?

Los cuatro amigos de *Días felices*. Arriba a la derecha, Fonzie, el personaje estrella de la serie.

El doctor Cosby y Mr. Bart

Entre la bonhomía de uno y la desfachatez del otro se abría un abismo infranqueable. La lucha por la audiencia iba a ser encarnizada.

Bill Cosby y Phylicia Rashad, la pareja modelo de *La hora de Bill Cosby.*

Tras cinco temporadas de éxito, el 10 de octubre de 1990 la audiencia de *La hora de Bill Cosby* (*The Bill Cosby Show*) se rindió ante las gracias de otra familia que no tardó en plantar cara al doctor Cliff Huxtable. El hecho no dejaba de ser anómalo, ya que *Los Simpson* es una serie de dibujos animados, un género que, hasta el momento, jamás había disfrutado de los favores del *prime time*. Por si fuera poco, *La hora de Bill Cosby* se había convertido en el programa estrella de la NBC, una de las principales cadenas estadounidenses, mientras que los chalados de Springfield vieron la luz en la FOX, a la sazón muy joven y que apenas cubría el 80 % del territorio nacional.

No cabía duda de que ambos programas poseían valores muy opuestos. Al fin y al cabo, una se centraba en el éxito social de una familia afroamericana y la otra, en la vida cotidiana de la clase media de la América profunda. De una pareja formada por un padre ginecólogo y una madre abogada se pasaba a otra en la que él era un simple obrero y ella una camarera. Pero la lucha entre la

«Todos los matrimonios se hunden; menos el nuestro, Marge. El problema es la comunicación. Demasiada comunicación.»

Homer J. Simpson

élite burguesa y la *chusma* se zanjó con una victoria inesperada. Los tiempos habían cambiado y el frenesí de los ochenta daba paso al escarnio y la desorientación permanentes.

Newsweek y *Wall Street Journal* dedicaron sendas portadas al fenómeno de los Simpson. Por si fuera poco, los guionistas de la serie decidieron dar una vuelta de tuerca más e introdujeron a un nuevo personaje, el doctor Hibbert –un trasunto del buen Huxtable al que siempre hacen vestir jerséis extravagantes–. Bill Cosby no se arredró y contraatacó en uno de sus episodios, en los que aparecía con una careta de Bart. Un tanto contrariado, manifestó más tarde: «Los directivos de las cadenas nunca comprendieron por qué mi serie funcionaba. Aunque todos deseaban tener una esposa trabajadora y unos hijos que sacasen buenas notas, parecían más interesados en Bart Simpson, como si le dijesen al público: "Sí, es guay. El tipo de chaval que os volverá locos"». Cuestión de gustos.

Homer, Bart, Marge, Lisa y Maggie Simpson, surgidos de la pluma acerada de Matt Groening.

Sigue soñando: fantasías animadas de ayer y hoy

En menos de una década las series rompieron con las imposiciones en el tratamiento del sexo. Tras algún tanteo en alguna serie de cable, HBO se apresuró en convertirlo en uno de los ingredientes principales de sus producciones.

Al principio de la década de 1990, la Universal se encontró con una montaña de programas de televisión basados en *thrillers* y melodramas polvorientos rebosantes de una ingenuidad y una moralina pasada de moda. Ante tal situación, se contrató al cineasta John Landis para ver qué podía hacerse con todo aquello. Sin dudarlo, Landis echó mano de un viejo proyecto de *sitcom* que le habían propuesto Martha Kauffman y David Crane, dos jóvenes guionistas que, más tarde, crearon *Friends.*

La idea, tomada de la película *Mi tío de América,* de Alain Resnais, se basaba en la inserción de secuencias que ilustrasen la narración a mane-

Martin Tupper (Brian Benben), editor metido en la cuarentena, siempre en busca de nuevas conquistas femeninas.

ra de contrapunto. Las imágenes, tomadas de los archivos de la Universal, ayudarían a aclarar los pensamientos del protagonista, a quien en la cortinilla inicial se le presentaba, de niño, pendiente del televisor, en una insinuación nada sutil de que el dichoso trasto se ha convertido en nuestro sempiterno compañero.

Pero ¿no íbamos a hablar de sexo? Ahí es justamente donde la serie se convierte en una pequeña obra revolucionaria. Aprovechándose del poco control que se ejercía sobre la programación por cable, la serie emitida por la HBO intentó levantar acta de las relaciones entre hombres y mujeres de la América de los años del sida. Abundan los desnudos y se presta una gran atención a ciertos temas apenas tratados hasta el momento, tales como la homosexualidad, la masturbación, la pornografía o el aborto. Todo ello bien mezclado con metáforas visuales un tanto cogidas por los pelos pero siempre muy divertidas (¿alguien se acuerda de aquella entrada de un tren en un túnel a toda velocidad?).

Sigue soñando (*Dream On*) se mantuvo en antena durante seis temporadas, entre 1990 y 1996, si bien su desinhibición le granjeó numerosas críticas que la acusaban de una cierta complacencia en el mal gusto. Sin embargo, la Fox no dudó en reponerla –previamente expurgada de las escenas y diálogos más atrevidos–, aunque no tuvo el mismo éxito. Como de costumbre, los buenos platos han de ser picantes.

> ***Sigue soñando*** **hizo gala de una imaginación desbordante y una incorrección política tales, que muy pronto la crítica la consagró como «obra revolucionaria».**

El ala oeste de la Casa Blanca: no todo es cuestión de talante

Cuando al presidente de Estados Unidos logra hacerle sombra un actor que parece más preparado que él no es raro que, tarde o temprano, salten algunas chispas.

No en vano es inteligente, culto, ha sido galardonado recientemente con el premio Nobel de Economía y, por si fuera poco, su mandato se caracteriza por una mayor transparencia y un notable sesgo a la izquierda. Como ya habrá imaginado, no se trata de George W. Bush, Jr., sino de Josiah Bartlet, el héroe de *El ala oeste de la Casa Blanca* (*The West Wing*), personaje interpretado por Martin Sheen, protagonista en *Apocalypse Now*. Desde 1999 preside un gabinete demócrata virtual que mostraba cómo abordar ciertas cuestiones de política nacional e internacional de una manera muy distinta a la empleada por quienes se hallan en el poder.

La serie ha llegado a ser tan popular que en 2000, durante la campaña electoral, se hizo una encuesta en la que los electores debían escoger entre George W. Bush, Al Gore y Martin Sheen. El resultado fue sorprendente: el actor los superó por un buen margen. Conviene aclarar, no obstante, que Sheen es un activista recalcitrante que ha tomado parte en toda clase de manifestaciones y movimientos de protesta, hasta el punto de haber sido detenido en más de sesenta ocasiones. La elección de Aaron Sorkin –creador de la serie– no fue en absoluto fortuita... ni tampoco inocente, sobre todo cuando miles de estadounidenses ostentaron camisetas y adhesivos en los que se leía

«No cabe duda de que se trata de un tipo bastante corto. Creo que los republicanos pensaban que no se notaría demasiado, pero cuando te presentas como candidato a la presidencia, como mínimo deberías ser capaz de completar una frase.»

Martin Sheen a propósito de George W. Bush

Martin Sheen en el papel del presidente Josiah Jed Bartlet. Un presidente lo suficientemente creíble como para convencer a un buen número de electores potenciales.

«He votado por el presidente Bartlet».

En 2003, a punto de desencadenarse la guerra de Irak, Martin Sheen aprovechó su aura de *telepresidente* para apoyar las campañas en contra de la decisión de Bush. A través de la plataforma Artistas para Ganar sin Guerra, reunió a centenares de celebridades para combatir por la causa y apareció en un anuncio de televisión en el que exhortaba al público a saturar el 26 de febrero de aquel mismo año los buzones de correo electrónico de todos los senadores. Por si fuera poco, se le vio a la cabeza de cuantas manifestaciones se convocaron. La respuesta no se hizo esperar. La Casa Blanca emitió un duro comunicado y presionó a la NBC, la cadena que emitía la serie, hasta el punto de que el Sindicato de Actores temió que se desencadenase una nueva caza de brujas. Pero Sheen no se arredró: «Si me permiten la expresión –llegó a manifestar–, Bush es un cretino».

24, o cómo la jornada laboral puede convertirse en un infierno

Con la cámara al hombro, llamadas telefónicas incesantes, carreras desenfrenadas por Los Ángeles... No cabe duda de que nos hallamos ante una de las series más trepidantes de todos los tiempos. Y sin embargo, todo nació de una ocurrencia que, para más inri, alguien tuvo mientras se duchaba.

Una mañana como otra cualquiera, mientras el guionista Joel Surnow se daba su ducha de rigor, tuvo una iluminación. ¿Y si se crease una serie compuesta por tantos capítulos como horas tiene el día? Al fin y al cabo, el formato empleado hasta ese momento lo permitía.

Surnow telefoneó a su amigo Robert Cochran, con quien colaboró en *Nikita,* para comentarle la idea. Éste le preguntó por el tema de la serie y Surnow, azorado, le respondió que aún no lo sabía. Con todo, el germen de la intriga en «tiempo real» ya existía.

Seguro de la idea, Surnow decidió proseguir y barajó la posibilidad de adaptarla a una comedia romántica sobre los últimos preparativos de boda. Cochran, ya convencido, se lanza y juntos transforman lo que iba a ser una serie ligera en un *thriller* con grandes dosis de acción. Con un presupuesto ridículo de 2,2 millones de dólares para rodar los dos primeros episodios (tres veces menos de lo empleado en una serie como *El ala oeste de la Casa Blanca,* por ejemplo), presentan el proyecto al director Stephen Hopkins, quien transformó esas limitaciones en un ejercicio de estilo: cámara al hombro, *split screen...* Con todo, la Fox prefirió esperar a que se emitiesen los primeros diez episodios –por mucho que a Kiefer Sutherland le hubiesen dado el Globo de Oro por su interpretación– antes de que diese el visto bueno para la producción de una temporada completa.

Emitida en treinta y cuatro países con gran éxito, *24* ha vertido numerosos ríos de tinta a causa de su contenido, considerado a veces demasiado violento, y sus implicaciones políticas, en algunos casos más que dudosas. Para hacer frente a las críticas, la serie intenta dar una de cal y otra de arena de manera bastante hábil en cada sesión, oscilando entre posturas que podrían considerarse de derechas y otras de izquierdas.

«Unos terroristas intentan asesinar a uno de los candidatos a la presidencia de Estados Unidos, mi hija ha sido secuestrada y ciertas personas con las que trabajo podrían estar implicadas en ambos casos. Soy el agente Jack Bauer y hoy es el día más largo de mi vida.»
JACK BAUER

«Estar mirando el reloj todo el rato te pone nervioso. "Dios mío, ahora puede pasar cualquier cosa. Y pasará en los dos próximos minutos." Eso es lo que imprime una cierta urgencia a la historia. Y esa urgencia es la que ha revolucionado el género.»
Kiefer Sutherland (Jack Bauer)

Nip/Tuck: el gran guiñol

Cirugía basura y sexualidad desbocada: una serie contestataria para muchos... salvo para las estrellas que hacen todo lo posible para aparecer en ella.

Ya lo sabemos todo sobre la vida de policías, abogados, médicos, bomberos e incluso de los empleados de funerarias. ¿Por qué no hablar de los cirujanos plásticos? Al fin y al cabo, se trata de un oficio como otro cualquiera –o al menos eso piensa Ryan Murphy, el creador de *Nip/Tuck*, cuyo título procede de dos de las operaciones básicas de toda liposucción: pinzar la piel (*to nip*) para plegarla después (*to tuck*).

Con un tema como ése, el autor era consciente de que iba a dar pie a numerosos artículos que criticasen la sociedad de la apariencia, sobre todo si se tiene en cuenta que todos los casos tratados en *Nip/Tuck* se basan en hechos reales. Incluso los que puedan parecer más improbables. «Cuando ve a esa mujer de trescientos kilos literalmente pegada a su sofá, le puedo mostrar sin problemas el recorte de prensa del que se ha tomado la historia», aclara.

Dentro del grupo de las series de temática clínica, *Nip/Tuck* podría considerarse la oveja negra, crápula y deslenguada. Las escenas en las que se representan intervenciones quirúrgicas rozan el *gore* gracias a unos efectos especiales muy bien logrados (y generosamente galardonados), la serie se ha granjeado el favor del público por su tono tan políticamente incorrecto, hasta el punto de haber suscitado todo tipo de habladurías en grupos de telespectadores. La más divertida, quizá, afirma que, cuando Murphy presentó el proyecto a la Warner Brothers, sus directivos creyeron que podría ser una buena idea para una *sitcom*. Sin embargo, no todo resulta tan gracioso: Dylan Walsh, el actor que encarna a

> **Sean McNamara a Christian Troy:**
> **¿Cómo llegaste a convertirte en alguien tan cruel?**
>
> ***Nip/Tuck***

Sean, uno de los dos cirujanos, no recuerda con demasiado cariño la escena en la que tuvo que simular el acto sexual con una muñeca de tamaño natural. «No se trata sólo de que lo vean cuatro millones de espectadores. Hay que tener en cuenta que debía hacerlo ante el equipo de rodaje. Normalmente nos lo tomamos a broma para

Julian McMahon y Dylan Walsh, quienes dan vida a los doctores Christian Troy y Sean McNamara. Todo Hollywood se postra ante sus bisturíes.

no perder la cabeza, pero en esa ocasión todo fue bastante incómodo.» Con todo, no deja de ser extraño que Catherine Deneuve y Nicole Kidman hayan hecho de todo para aparecer en la serie. ¿Cuestión de masoquismo?

Over There: ojos que no ven...

Una serie sobre la actual guerra de Irak, cuanto menos, puede dar pie a agrias controversias, pero cuando llega a mostrar una realidad más cruda de la que ofrecen los telediarios, el público estadounidense prefiere mirar a otro lado.

Producida por el varias veces galardonado Steven Bochco para una cadena de televisión por cable –algo que no había hecho hasta ese momento–, *Over There* es la primera serie bélica que trata de un conflicto en curso. Ni *MASH* ni *Tour of Duty* se emitieron al mismo tiempo que sucedían los acontecimientos sobre los que versaban, es decir, la guerra de Corea o la de Vietnam, respectivamente. Sin duda, se trataba de un reto que atrajo la atención de la prensa y los espectadores. Como era de esperar, se produjo un gran revuelo mediático, sobre todo tras la publicación de un DVD del episodio piloto, puesto a la venta pocos días después de su estreno. No tardaron en aparecer las primeras polémicas, más o menos orquestadas: «¿Cómo se puede convertir la guerra en un motivo de entretenimiento?», «¿Era realmente necesario crear una serie como ésta?». Sin embargo, desde la secuencia de apertura, se indica que los guionistas no desean tomar parte por ninguna postura. Esta falta de coraje hace que el resultado sea más endeble de lo que debiera, sobre todo si se tiene en cuenta que *Over There* se enmarca en una tradición de producciones que hacen su enseña del patriotismo –una cuestión, por otra parte, que jamás se ha puesto en duda en Estados Unidos.

***Over There* (*Allá abajo*) narra las peripecias de una unidad de la infantería norteamericana durante su primera incursión en Irak, así como las vicisitudes de sus amigos y familiares en Estados Unidos.**

No obstante, por lo que respecta a la forma, la guerra aparece retratada con gran crudeza. De hecho, la serie se arriesga a mostrar algo que nunca aparecerá en los telediarios: la muerte de soldados americanos. En este sentido, se toca un punto muy sensible, pues hay ciertas imágenes que el público prefiere no ver. Tras un éxito inicial, ligado a la expectación suscitada por el tema, el público perdió interés de manera paulatina hasta el punto de que, cuando se llegó al decimotercer episodio –último de los previstos para la primera temporada–, se le dio carpetazo. La guerra, la verdadera guerra, debería lidiarse después.

Over There es el título de la serie, la sintonía… y de un himno entonado por los soldados estadounidenses durante la Primera Guerra Mundial.

4 Cosa de mujeres

Relegadas durante mucho tiempo a papeles casi de adorno, las mujeres se han convertido en las verdaderas estrellas de las series de televisión estadounidenses. Todo comenzó con *Los ángeles de Charlie*, donde por primera vez tres actrices interpretaron a personajes con unas características hasta aquel momento reservadas a los hombres. De ahí a considerar esta serie como algo rompedor sólo media un paso… que no conviene dar. Ally McBeal, Carrie Bradshaw, Sydney Bristow y otras féminas como Susan Mayer poseen un indudable atractivo capaz de atravesar incluso la pequeña pantalla.

Lucy Ball: la primera de la clase

A partir de una idea de lo más simple, la actriz Lucille Ball logró que el grueso de la producción televisiva pasase de la Gran Manzana a la Costa Oeste. Sin proponérselo, había dado el primer paso que llevaría el nuevo medio al estrellato.

A comienzos de los años cincuenta, la mayoría de los programas de televisión se producían en Nueva York y se difundía en directo por todo Estados Unidos. En un medio en el que dominaban las puestas en escena estáticas y las tramas poco desarrolladas, Lucille Ball –por aquel entonces una estrella cinematográfica– propuso a la CBS la producción de un programa que aprovechase su gancho y, sobre todo, le permitiera probar ciertas innovaciones temáticas y formales. Para ello, exigió la contratación de su marido, Desi Arnaz, con quien formaría una pareja cómica en la que interpretaría el papel de un sufrido esposo que deberá soportar las veleidades de una mujer caprichosa, rebelde y ansiosa por ser algo más que una simple ama de casa.

Por su temática, *I love Lucy* se convirtió en la primera *sitcom* de la historia, con todos los esquemas narrativos que a partir de entonces caracterizaron el género (malentendidos, oposición de caracteres, etc.). Ball, deseosa de permanecer en Los Ángeles, pensó en rodar cada episodio en un estudio de Hollywood, con unos medios similares a los empleados en el cine. Para ello, creó con su marido la compañía Desilu (una amalgama de sus nombres), que produjo todos los capítulos. Se filmaba con tres cámaras, lo cual no sólo permitía ahorrarse bastante tiempo, sino también imprimir un gran dinamismo a la historia gracias al montaje. Además, optó por mantener el espíritu de los *magazines* de la radio, vigente en muchos programas de televisión de la época. De ese modo, los telespectadores disfrutaban más de las historias gracias a las risas y aplausos «enlatados».

Que la serie estuviese filmada permitía vender los derechos a otras cadenas de televisión, fuesen nacionales o extranjeras, lo cual le granjeó un gran éxito. Durante seis años, *I love Lucy* se convirtió en el programa preferido del público estadounidense. Nada parecía presagiar su fin. Ni siquiera el tardío embarazo de Lucille, seguido semana tras semana por los telespectadores. Sin embargo, todo se fue al traste cuando la pareja se separó. A veces la ficción se queda por detrás de la realidad.

Lucy Ball
y Harpo Marx.

En los años cincuenta no era demasiado habitual encontrarse con una mujer en la pequeña pantalla, por lo que no es extraño que Lucille Ball acabase por ser considerada «la Primera Dama de la televisión».

Embrujada: encantadora pero sin alma

Repleta de encanto y buenas ideas, la serie se convirtió en la comidilla de todo el mundo... antes de venirse abajo a causa de un desdichado accidente.

Mientras iban a la busca de algún gesto o mueca con el que Elizabeth Montgomery pudiera acompañar los sortilegios de su personaje, Bill Asher –a la sazón su productor y marido– comentó a Sol Saks, el guionista, que ella tenía el don de mover la punta de la nariz. No hizo falta decir nada más. Samantha, la simpática bruja, había nacido y poco después, en 1964, se iniciaba el rodaje.

Sin embargo, por una de aquellas casualidades de la vida, la actriz se quedó embarazada y hubo de disimular su estado, ya que, de acuerdo con el guión, su personaje acababa de casarse con Darrin, al que interpretaba Dick York. Por ello, durante la primera temporada, hubo que recurrir a grandes encuadres y el uso de dobles. Por suerte, el público no se dio cuenta de nada y *Embrujada* (*Bewitched*) pronto se convirtió en la segunda serie de mayor éxito, por delante de *La familia Addams* y *Los Monster.* Tan sólo *Bonanza* se mantenía incólume ante su empuje. Con todo, el tratamiento desenfadado que se daba a la hechicería suscitó la protesta de diversas organizaciones fundamentalistas, aunque sus quejas no hicieron demasiada mella si se tiene en cuenta el hecho de que un número considerable de las norteamericanas nacidas durante aquella época recibieron el nombre de Samantha o el de su hija, Tabatha.

El papel de la atractiva hechicera Samantha convirtió a su intérprete, Elizabeth Montgomery, en la novia de América.

El éxito de la serie aumentaba de año en año hasta que, un buen día, Dick York notó un dolor muy agudo mientras se encontraba suspendido en el aire en el transcurso de una escena. A resultas de ello, el actor debió guardar cama completamente inmovilizado. El rodaje, sin embargo, debía seguir adelante, para lo cual se inventaron todo tipo de pretextos para justificar la ausencia de Darrin. Sin embargo, la magia que desprendían los encuentros y desencuentros de la pareja protagonista se había perdido y el público lo notó.

Una familia al más puro estilo americano: Samantha, Darrin y Tabatha Stevens.

Se optó entonces por buscar un sustituto, pero ya era demasiado tarde. Pese a guardar un cierto parecido con York, Dick Sargent nunca pudo conquistar a los espectadores. Los productores ya no sabían qué hacer, hasta el punto de que los episodios de las últimas temporadas no son más que plagios descarados –a veces, palabra por palabra– de los más antiguos.

Los ángeles de Charly sí tienen sexo

Entre 1976 y 1981, no sin una buena dosis de kitsch bien asumido, tres mujeres lograron que los telespectadores siguiesen sus andanzas con arrobo, hasta el punto de que una de ellas se convirtió en toda una sex symbol.

No era muy habitual ver a mujeres en las series policíacas de los años setenta. A menos que hiciesen de víctimas, secretarias o prostitutas, su participación, salvo raras excepciones, solía ser mínima. Por ello quizá baste con dar un pequeño paso para considerar que *Los ángeles de Charlie* (*Charlie's Angels*) fue una serie feminista. Más vale no hacerlo.

No cabe duda de que las tres protagonistas son consumadas detectives además de expertas en artes marciales pero, por lo que respecta a la psicología de los personajes, éstos no dan mucho de sí. De hecho, se pasan la mayor parte del tiempo vestidas con ropas *sexies*, los

Los ángeles de Charlie **en la primera temporada: Farrah Fawcett, Kate Jackson y Jaclyn Smith.**

Farrah Fawcett supo jugar bien su baza: tras convertirse rápidamente en el ángel más popular gracias a su *sex appeal*, abandonó pronto la serie.

casos que deben resolver suelen estar relacionados con el mundo de la moda, el espectáculo o la prostitución y la idea principal de la serie parece descansar en sacar todo el jugo posi-

***Los ángeles de Charlie* posee todos los ingredientes que permiten adscribirla al kitsch más desbocado, cuando no al mal gusto recalcitrante. Quizá por ello se ha convertido en una serie de culto.**

ble de un trío formado por una rubia, una morena y una pelirroja. En resumidas cuentas, un cliché de lo más machista que aseguraba el interés por parte del público masculino.

La expectación que despertaron las tres féminas llegó al paroxismo después de que una de ellas, Farrah Fawcett –leyes de la mercadotecnia mediante– apareciese en todas las revistas. De hecho, el póster en que aparecía en bañador estuvo presente en más de doce millones de hogares. Sin embargo, al final de la primera temporada, cansada de que la consideraseen una mera *pin up,* canceló su contrato y se enzarzó en un largo proceso contra los antiguos productores que fue escrupulosamente cubierto por los medios de comunicación.

De manera un tanto incomprensible, en los noventa, lejos de la ola de erotismo que había asolado el planeta veinte años atrás, aceptó posar desnuda en dos ocasiones para la revista *Playboy.* Jamás se vendieron tantos ejemplares como entonces. Dado que su carrera hasta el momento no había sido demasiado memorable, no dejaba de ser una manera bastante bonita de recordar los viejos tiempos.

La locura de *Ally McBeal*

Galería de retratos más o menos grotescos, la serie comenzó a perder fuelle en 2001. En un intento desesperado por revitalizarla, se añadió a la receta un buen puñado de estrellas invitadas... aunque de una manera un tanto particular.

Claire Ottoms, más conocido como Barry Humphries. Su cometido principal fue ayudar a Ally McBeal a que recuperase el éxito perdido.

Minifaldas, lavabos mixtos... Algunos detalles chocaron a la América biempensante, aunque no por ello se dejó de ver *Ally McBeal,* una de las series más descaradas de la pequeña pantalla, si bien, cosas de la edad, con el paso del tiempo fue perdiendo garra y... público. Fue entonces cuando se pensó en recurrir a diversas estrellas invitadas.

Elton John, Matthew Perry, Mariah Carey o Christina Ricci aparecieron casi por sorpresa. Por desgracia, el remedio no fue demasiado eficaz. Se pensó en introducir un actor más exuberante, que se adecuase mejor al espíritu de la serie: Barry Humphries, más conocido como Edna Everage, inolvidable gracias a su tocado de color rosa y sus gafas de gran tamaño. Ennoblecida por el primer ministro australiano en nombre de la reina de Inglaterra en 1972, esta figura excéntrica del mundo del espectáculo anglosajón debutó allá por los años cincuenta en los cabarés de Australia, si bien la fama le llegó gracias a los *talk-shows* de la televisión inglesa. En un principio, su paso por la serie

> «Ayudar a los demás no es tan gratificante como cuando lo haces en beneficio propio.»
>
> Richard Fish, *Ally McBeal*

Calista Flockhart con todo el equipo de *Ally McBeal*.

iba a ser breve, tan sólo aparecería en un episodio, pero dado el éxito de audiencia, el personaje formó parte del reparto habitual después de que hubiese sido «contratada» como secretaria en el bufete donde trabaja la protagonista.

A pesar de algunas salidas de pata de banco bastante sonadas, Claire Ottoms (anagrama de la expresión *a sitcom role,* «un papel de *sitcom*») siempre tendrá un buen consejo con el que ayudar a Ally a encontrar a su príncipe azul. «Ese hombre se gana la vida manoseando cañerías. Déjale que te desatasque un poco», dijo en una ocasión acerca de un fontanero que resultó ser, ni más ni menos, que Jon Bon Jovi, con el que comenzará a salir. Sin embargo, la terapia de choque no surtió efecto, ya que la quinta y última temporada terminó en 2002.

Sexo en Nueva York: con faldas y a lo loco

Retrato realista para muchas mujeres, caricatura para no pocos hombres, la serie no iba más allá de lo que se apreciaba a simple vista: su pretencioso pijerío.

Cuatro mujeres solteras ya entradas en los treinta, independientes, glamurosas, urbanas, locas por la moda y, sobre todo, muy puestas: desde su estreno en 1997, *Sexo en Nueva York* (*Sex and the City*) hizo las delicias de la prensa femenina. ¡Por fin una serie se dirigía a las mujeres modernas! No en vano, la idea procedía de una periodista, Candace Bushnell, que publicaba una columna dedicada a la crónica social titulada del mismo modo que la serie y en la que daba cuenta de fiestas, inauguraciones y locales de moda en Manhattan frecuentados por los profesionales de mayor éxito.

Sin embargo, el panorama que describía no era tan rutilante como cabría imaginar y buena parte de sus notas mostraban unos grados de miseria sexual difíciles de admirar. Su visión de la sociedad neoyorquina estaba muy lejos de la idea que Darren Star propuso para la adaptación televisiva. En principio, tan sólo mantuvo a los personajes de Carrie y Mr. Big, cuyas historias modificó notablemente y a las que insufló un corrosivo sentido del humor de los que carecía el original.

Darren Star había dejado atrás *Sensación de vivir* y *Melrose Place,* dos series centradas en la América blanca y acomodada. Con su nueva creación, se permitió ir mucho más lejos. Muchos críticos le han reprochado que el pretendido glamur de las protagonistas de *Sexo en Nueva York* se basa tan sólo en el consumo más o menos generalizado de alcohol y tabaco, y en unas conversaciones super-

> «Es casi imposible dar con alguien que te quiera. Yo he tenido bastante suerte: he encontrado a tres.»
>
> Carrie Bradshaw, *Sexo en Nueva York*

Samantha está obsesionada con el sexo, a Carrie le apasiona el lujo, Miranda sólo piensa en su carrera y Charlotte espera a su príncipe azul. El cuarteto de *Sexo en Nueva York* se convirtió rápidamente en una referencia de la pequeña pantalla.

ficiales, centradas en la moda o el tamaño del pene de sus amantes. «Si debe considerarse que Carrie es un icono feminista, ¿cabe pensar que todas las mujeres aspiran a convertirse en personas tan materialistas?», se preguntaba una revista... masculina. Dan ganas de reír por no llorar.

Mujeres desesperadas... y hartas, muy hartas

Sátira de la vida en las urbanizaciones de alto *standing*, la serie cobró un inusitado interés al revelar un mundo de deseos insatisfechos en el que tenían cabida todas las clases sociales.

Una madre comparece ante el tribunal, acusada de haber acabado con sus cinco hijos. El caso suscitó un acalorado debate que llamó la atención de Marc Cherry, quien lo comentó con su madre. Para su sorpresa, ella le confesó que, en ciertos momentos, habría sido capaz de hacer lo mismo. Conmocionado, Cherry decidió crear una serie dedicada a la desesperación de las amas de casa en la que cada personaje ocultase un terrible secreto.

En mayo de 2005, *Mujeres desesperadas* (*Desperate Housewives*) recibió el primer espaldarazo publicitario. Justo cuando la serie se encontraba en su apogeo y las revistas más importantes le dedicaban sus portadas, la primera dama del país, Laura Bush, declaraba en una entrevista que ella también se identificaba con los personajes, ya que su marido no le prestaba demasiada atención. «Si esas mujeres se sienten desesperadas, deberían conocer a George», manifestó ante el plantel de periodistas que había acudido a una recepción que la Casa Blanca ofrece a la prensa. Sin duda, la humorada tenía más retranca de la que podía imaginarse.

Pero no todo el mundo tiene un sentido del humor tan desarrollado. O así, al menos, lo demostraron los miembros de una asociación de jardineros estadounidenses que se quejaron de la mala imagen que la serie daba de su profesión. Y todo a causa de la tórrida relación, puramente sexual, que mantienen Gabrielle, interpretada por Eva Longoria, y su joven jardinero. Al parecer, decenas de amas de casa imitaron a su heroína y acosaron a varios empleados, más pendientes de evitar las proposiciones de sus jefas que de podar los setos. La situación llegó a un extremo tal, que se interpuso una demanda contra la cadena ABC, si bien no prosperó porque el personaje desapareció en la segunda temporada. En vista de la situación, esa «desesperanza», ¿no será más que lo que antes se conocía como «insatisfacción sexual»?

> **«Hay un libro, muy leído en todo el mundo, que afirma que todos somos pecadores. No cabe duda de que no nos sentimos culpables de nuestras malas acciones. Por otra parte, hay quienes asumen una cantidad mayor de la culpa que les correspondería. [...] También hay quienes prometen que la próxima vez lo harán mejor e imploran perdón. Y a veces, incluso, se atiende a sus plegarias.»**
>
> **Mary Alice Young,**
> ***Mujeres desesperadas***

Alias: la misión imposible

Una de las series más bellas del nuevo siglo se convirtió en el mascarón de proa de una cadena que necesitaba recuperar la audiencia a toda costa. La tarea no iba a resultar fácil.

Con una trama compleja y una estética innovadora, desde su primera emisión en septiembre de 2000, *Alias* sedujo a la crítica, siempre deseosa de descubrir a *la* nueva sensación de la temporada. Quizá se debía al acierto que supuso incluir en el reparto a invitados de la talla de Quentin Tarantino, Faye Dunaway, Roger Moore y muchos otros.

Sin embargo, a pesar de sus muchas cualidades, esta serie ambientada en el mundo del espionaje y con una notable carga psicológica no atrajo demasiado al público, algo que frustró las esperanzas de la cadena ABC, que confiaba en recuperar un sector del mercado que se le resistía. Con todo, no la retiró y, terminada la segunda temporada, programó la emisión de un episodio especial inmediatamente después de la Super Bowl, la final del campeonato de fútbol americano, sin duda el acontecimiento televisivo por excelencia. Se trataba de atraer nuevos expectadores y, para ello, J.J. Abrams, su creador, escribió un guión excepcional en el que condensa buena parte de las líneas narrativas trabajadas hasta el momento. Había dado un giro de 180 grados a la situación.

Sydney Bristow, la heroína, pudo poner fin a su papel de agente doble.

> «A veces, la verdad duele.»
> Eslogan con el que la ABC promocionó la emisión de *Alias*

La serie, convenientemente simplificada, poseía un nuevo punto de partida. La ABC estaba encantada con el resultado. Todo el mundo, desde los profesionales hasta los fans más acérrimos, reconocería la maestría de Abrams. Por desgracia, las prórrogas del partido y los comentarios posteriores suelen ser bastante largos, por lo que el episodio se emitió a una hora demasiado intempestiva como para dar la campanada. A partir de aquel momento, la ABC intentó extraerle el máximo partido mediante el uso de elementos folletinescos (cambios repentinos, *cliffhangers* incesantes, etc.), hasta el punto de convertir *Alias* en un cascarón vacío que no interesaba a casi nadie. Un derroche.

Al aceptar el papel de Sydney Bristow, Jennifer Gardner se convirtió en toda una estrella.

5 Realidad y... ¿ficción?

El asesinato de J.R. en el último capítulo de *Dallas* mantuvo inquietos a miles de espectadores durante varios meses. James West, héroe de *Jim West*, llegó a convertirse en todo un icono gay y *Buffy, la cazavampiros*, hace las delicias tanto de los adolescentes más adocenados como de los góticos más exigentes. No cabe duda de que el universo de las series de televisión se prolonga en nuestra vida cotidiana.

Y *Jim West* salió del armario

Gracias a sus dobles sentidos, las aventuras de James West y Artemus Gordon se han convertido en un western criptogay que –vaya por Dios– no agradó a todo el mundo...

Durante mucho tiempo, el *western* dominó la pequeña pantalla. Cosas de americanos. Sin embargo, allá por 1965, el género ya no daba más de sí. Gracias a James Bond y a sus múltiples imitaciones, el espionaje se había puesto de moda. «¿Y por qué no combinamos ambos universos?» –se planteó Michael Garrison–. La idea gustó a la CBS y propusieron a Robert Conrad el papel del protagonista de *Jim West* (*The Wild Wild West*). Pese a ser demasiado bajo para el papel (tan sólo medía 1,68 m), estaba preparado para realizar escenas de riesgo, algo muy útil para una serie de acción. Para que su físico se adecuase más al de un héroe convencional, se le pusieron alzas en las botas y se contrató a actores de su misma estatura. De hecho, su compañero, Artemus Gordon, no es mucho más alto y su archienemigo, Miguelito Loveless, lo interpretaba un enano.

Desde un punto de vista estético, la serie hacía gala de un estilo a medio camino entre el kitsch y el pop muy típico de los años sesenta. Homosexual confeso, Garrison introdujo sin apenas esfuerzo una imaginería tomada de la cultura gay. No en vano, James West viste siempre ropas ajustadas y no duda en exhibir su torso musculado y velludo cuando debe enzarzarse en alguna de las numerosas y muy viriles peleas.

Poco después de la Guerra de Secesión, James West y Artemus Gordon, dos agentes secretos del Gobierno federal, se dedican a desfacer entuertos por todo el oeste de Estados Unidos a bordo de un tren muy especial.

Artemus Gordon tampoco se quedaba atrás, ya que se pasaba buena parte del tiempo travistiéndose de hombre o mujer para frustrar los planes maquiavélicos de los desequilibrados a los que debían perseguir.

La muerte accidental de Garrison durante la fase de producción de la segunda temporada apenas afectó a

la serie. De hecho, el paso del blanco y negro al color acentuó más los rasgos que hicieron que la comunidad gay, todavía incipiente, la aclamase. Poco después, en 1969, justo antes de que comenzase la cuarta temporada, se canceló su producción. ¿A qué pudo deberse tal decisión?

Colombo: tres vidas y una sola muerte

Con más de cuarenta años a sus espaldas, el detective fue un personaje de papel antes de pasar al teatro y, después, triunfar en televisión. Como si de un fénix se tratase, se ha convertido en uno de los grandes héroes de la cultura popular.

Aunque apareció por primera vez como personaje secundario en una novela escrita por los guionistas Richard Levinson y William Link, Columbo no se paseó por la pequeña pantalla hasta 1961, en un episodio de *The Chevy Mystery Show.* Encantados con el personaje, sus creadores volvieron a contar con él para otra narración, *Prescription: Murder*, de gran éxito.

Levinson y Link, entristecidos por las críticas vertidas contra *Mannix,* otra de sus creaciones, por sus grandes dosis de violencia, se embarcaron en un nuevo proyecto al que no se le pu-

Peter Falk es el teniente Colombo, el detective más popular de la brigada criminal de Los Ángeles. Sus señas: una gabardina astrosa y un viejo Peugeot 403.

diese reprochar nada. Para ello, decidieron adaptar su obra de teatro a la televisión, si bien optaron por alejarse de los rasgos más típicos del género negro desvelando la identidad del culpable desde el primer momento. La idea entusiasmó a la NBC y se comenzó a buscar a un actor capaz de encarnar a Colombo para lo que sería un telefilme de unas dos horas. Se descartó a Bert Freed y Thomas Mitchell, quienes ya lo habían interpretado anteriormente, a favor de otro, de carrera mucho más prometedora... y con un *caché* mucho más bajo: Peter Falk.

Diagnóstico: Asesinato (*Prescription: Murder*) se emitió el 20 de febrero de 1968 y obtuvo unos resultados de audiencia más que notables. En vista de los resultados, la NBC se mostró interesada en desarrollar algunas ideas del telefilm a lo largo de una serie de 22 episodios. Sin embargo, Peter Falk no estaba demasiado ilusionado con la idea, ya que deseaba consagrarse a su carrera cinematográfica. Al final, se llegó a un acuerdo entre las partes: cada año se rodarían seis telefilmes de una hora y media. En 1971 se rodó un segundo piloto que también hizo las delicias del público. Todo fue bastante bien hasta 1978, cuando la serie se interrumpió a causa del desinterés de Peter Falk. La NBC, ansiosa por extraer todo el jugo posible, lanzó una decepcionante *Mrs. Columbo*, que tan sólo duró unos cuantos meses y marcó el final de la primera época del detective con gabardina, perro y un 403.

«Me encanta esa manera que tiene de tomarse las cosas. Es el anti Sherlock Holmes por excelencia, aunque tenga el mismo talento para resolver enigmas. [...] Colombo pasa mucho de todo. Como yo.»

Peter Falk
acerca de Colombo

Sin embargo, el personaje renació de sus cenizas a finales de los ochenta, si bien a un ritmo aún más esporádico si cabe. De hecho, no ha dado señales de vida desde 2003 y quizá hayamos de aguardar a su última resurrección.

Michael Landon: toda una vida en la pequeña pantalla

A lo largo de treinta años, Michael Landon fue una presencia ineludible en la pequeña pantalla por a sus papeles en series familiares de gran popularidad, hoy su nombre es recordado por varias generaciones de estadounidenses.

Gracias a su interpretación de Charles Ingalls en *La casa de la pradera*, Michael Landon se convirtió en una estrella de la pequeña pantalla.

A pesar de que muchas estrellas de cine han estado en activo durante muchos años, la televisión ofrece a los actores una regularidad y una proximidad con el público insólitas en otros medios. Michael Landon tenía veintidós años cuando debutó, en 1959, en *Bonanza* –una de las primeras series emitidas en color–, como benjamín de la familia Cartwright, un personaje que al principio resultaba antipático pero que evolucionó hasta convertirse en uno de los más atractivos. A partir de 1968, compaginó sus obligaciones como actor con las de guionista y director de varios capítulos. De gran éxito en España, *Bonanza* ha sido una de las producciones más aplaudidas de la televisión estadounidense y, pese a haber terminado en 1972, se ha repuesto en numerosas ocasiones.

Deseosa de aprovechar la popularidad de Landon, la NBC le propuso un nuevo proyecto, un *western* familiar, basado en una adaptación muy libre del libro de Laura Ingalls *La casa de la pradera* (*Little House in the Prairie*). Con un papel mucho más maduro, el de un padre de familia, Michael Landon no

Seducido por los relatos de la verdadera Laura Ingalls, Michael Landon decidió adaptarlos para la televisión sin imaginarse jamás que los convertiría en un icono de la cultura popular.

sólo se convirtió en el protagonista y productor ejecutivo, sino que también exigió la posibilidad de escribir y dirigir algunos episodios. A pesar de que la serie tuvo un éxito más discreto que *Bonanza,* no cabe duda de que su labor dejó huella en la pequeña pantalla.

En 1984, y sin apenas tomarse un respiro, Landon se embarcó en una nueva aventura, también para la NBC, para la que reclamó el control total: *Autopista hacia el cielo* (*Highway to Heaven*) en la que interpretaba a un ángel venido al mundo para aliviar el sufrimiento de los hombres. Para decenas de millones de estadounidenses que lo habían visto crecer, Landon se había convertido en el emblema de la virtud, gracias en buena parte a sus series, moralistas y –todo hay que decirlo– un poco cursis.

Michael Landon se convirtió en la gran revelación de la serie *Bonanza*.

Galáctica: segundas partes a veces son buenas

Exponente del lado más hortera de la ciencia ficción, la serie creada en 1978 dio paso, veinticinco años más tarde y gracias a sus fans más incondicionales, a un *remake* de gran calidad. Un caso único.

Las series de ciencia ficción no son demasiado habituales en el medio televisivo, ya que no suelen tener demasiado éxito. *Star Trek*, *La fuga de Logan* (*Logan's Run*) o *El planeta de los simios* (*Planet of the Apes*) fracasaron en el momento de su creación. A pesar de ello, a finales de los setenta, el triunfo de *La Guerra de las Galaxias* animó a algunos productores a relanzar el género en la pequeña pantalla.

«Por la gracia del señor de Kobol, *Galáctica* prosigue su búsqueda en pos de las luces que un día podremos ver. Algunos piensan que no proceden de otras naves, sino de la propia Tierra.»

Texto de presentación de *Galáctica*

Glen A. Larson guardaba en su cajón un viejo proyecto inspirado en el mito del arca de Noé, en el que los humanos abandonan sus colonias espaciales, bajo la amenaza de una destrucción inminente, para regresar a la Tierra. Con un fuerte simbolismo religioso y una notable influencia del misticismo mormón, *Galáctica* (*Battlestar Galactica*) llamó la atención de la ABC, que encargó la dirección artística a John Dykstra, el responsable de los efectos especiales de *La Guerra de las Galaxias*. La decisión no gustó en absoluto a George Lucas, quien no dudó en llevar el asunto a los tribunales. Sin embargo, la serie se emitió en septiembre de 1978.

Los resultados no fueron demasiado satisfactorios, no sólo era demasiado cara, sino que el público no parecía estar por la labor. Por si fuera poco, las críticas negativas comenzaron a arreciar: trucajes repetitivos, tramas descuidadas... La serie no llegó a la segunda temporada. En 1980 se intentó retomar, aunque el resultado, desde un punto de vista artístico, fue más decepcionante si cabe y el proyecto se zanjó de inmediato. Con todo, Larson no cejó y, a finales

de esa misma década, intentó resucitarla sin que nadie le hiciese caso. Impresionados por la gran influencia de los numerosos clubes de fans de la serie, los directivos de la Universal se decidieron a producir una nueva entrega para promocionar el Sci-Fi Channel, a la sazón una de sus más recientes adquisiciones. Con un guión más exigente y unos efectos especiales de mayor calidad, *Galáctica, estrella de combate* inició su nueva andadura en 2003, centrada esta vez en problemas que pudiesen interesar a un público mayoritario –como el terrorismo, por ejemplo–, que nos invitan a olvidar, esta vez sí, a su antecesora.

Dallas: vuelta a empezar

Justo cuando Estados Unidos afrontaba una dura recesión y no pocas crisis políticas, bastó con que alguien disparase a J.R. para que decenas de millones de norteamericanos encontrasen un tema de conversación más animado.

El 21 de marzo de 1980, a eso de las once menos cinco, resonó el mismo disparo en millones de hogares estadounidenses. La víctima: J.R. Ewing, el maquiavélico protagonista del programa más visto del momento. En los últimos segundos del episodio que daba fin a la tercera temporada había aparecido una enigmática silueta dispuesta a acabar con el personaje más odiado por el público. ¿Quién sería? La pregunta mantuvo en vilo a todo el país, hasta el punto de dar pie a una portada de *Time Magazine* y hacer de la escena en cuestión uno de los hitos de la historia del medio. Desde aquel momento, el *cliffhanger* o interrupción brusca de la acción al final de una temporada, se convertiría en uno de los recursos más socorridos de las series televisivas.

Las aventuras de la familia Ewing mantuvieron en vilo a buena parte del planeta durante la primera mitad de los ochenta.

Al mismo tiempo, el panorama audiovisual estadounidense daba la bienvenida a una nueva cadena: la CNN. Consagrada por completo a la información, aprovechó la anécdota para atraer a una gran cantidad de espectadores cubriendo todos los as-

> «Dallas:
> maldito sea quien no
> comprenda...
> Dallas...
> que un día perderá la vida.
> Dallas:
> universo despreciable.
> Dallas:
> es la ley del más fuerte.»
>
> Sintonía de *Dallas*

pectos de una controversia que anduvo de boca en boca durante varios meses. Nada se pasaba por alto: desde los corredores de apuestas de Las Vegas que sacaban partido de la enigmática identidad del culpable hasta las aventuras financieras de Harry Langman, el actor que daba vida al personaje. Los estadounidenses, agobiados por la crisis de los rehenes en Irán y el boicot a los Juegos Olímpicos de Moscú, encontraron un nuevo tema de conversación.

Aunque estaba previsto que las habladurías cesasen en septiembre de ese mismo año, la resolución del caso hubo de esperar un par de meses más a causa de la huelga convocada por el sindicato de actores para reclamar una ampliación de sus derechos de cara al nuevo mercado del vídeo y las televisiones de pago. La cadena CBS, que llevaba ocho meses sin emitir un solo capítulo de la serie, decidió reponerla desde el principio –y aprovechar la situación para solventar algunas diferencias con Hagman–. La noche en que *Dallas* regresó a la pequeña pantalla, el 76 % de la audiencia aguardaba expectante la solución del misterio.

J.R. Ewing (Larry Hagman), el maquiavélico héroe de *Dallas*, fue durante un tiempo el hombre más odiado de Estados Unidos.

MASH: adiós a las armas

El episodio final batió todos los records e hizo llorar a moco tendido a todo Estados Unidos. La serie, mucho menos célebre en nuestras pantallas, se había convertido en todo un emblema para la generación *hippie*.

«Goodbye, Farewell and Amen» («Adiós, hasta la vista, amén»): por primera vez en la historia de la serie, el título de un episodio formaba parte de los créditos iniciales. Por desgracia, también sería la última, ya que se iba a hacer honor a sus palabras. Todo ocurrió en febrero de 1983, once años después de que *MASH* hubiese hecho reír a carcajada limpia al público estadounidense. Para hacerse una idea de su importancia, conviene tener en cuenta lo que supuso en su época. Nacida durante los bombardeos de Vietnam, la *sitcom* que narraba las peripecias de un equipo de médicos militares durante la guerra de Corea afrontaba su mayor reto: cerrar su larga

trayectoria con un capítulo de dos horas y media de duración en lugar de los treinta minutos habituales.

Dirigida y escrita en parte por Alan Alda –quien además interpretaba a Hawkeye, uno de los protagonistas–, se había previsto que la última escena mostrase la realidad tras los bastidores y la serie terminase con unas palabras de agradecimiento al público. Sin embargo, en vista de que Alda y Loretta Swit (*Morritos calientes*) eran los únicos miembros en activo del reparto original, los dos aprovecharon para dar la campanada dándose el beso más largo de la historia de la televisión.

> **«Siempre he esperado que la vida me lo dé todo. Cada cumpleaños me recuerda lo que todavía no he conseguido. Hoy es un día como otro cualquiera… en medio de ninguna parte.»**
>
> **Margaret**

Durante varios días, la CBS llevó a cabo una enorme campaña promocional a través de la prensa y sus propios medios de comunicación, convencida de tener en sus manos el mayor chollo del siglo. Cada bloque publicitario de treinta segundos se vendió por 450.000 dólares, mucho más de lo que se pagaba por aquel entonces durante la Super Bowl. El medidor de audiencia demostró que no andaban desencaminados: durante los últimos minutos, la cifra rebasó los 125 millones de espectadores, algo insólito y que, a buen seguro, jamás volverá a producirse.

Los habitantes de San Francisco y alrededores también lloraron con aquella despedida, aunque por otra razón. El mal tiempo causó graves averías en las centrales eléctricas de la zona y no tuvieron la oportunidad de presenciar el acontecimiento. También es mala suerte.

Buffy, la cazavampiros: fan fatal

Millones de jóvenes de todo el mundo se han apropiado del personaje para dar rienda suelta a sus estados de ánimo a través de cómics y cuentos creados por su cuenta, algo completamente insólito en el mundo de la televisión.

Kristy Swanson interpretó a la heroína en la película *Buffy, la cazavampiros* (1992).

Algunos años antes de que apareciese en la pequeña pantalla, la famosa cazavampiros estuvo a punto de convertirse en una heroína del celuloide. De hecho, en 1992 se estrenó una película sobre sus andanzas que pasó sin pena ni gloria y de la cual renegó su guionista. Joss Whedon, conocido por aquel entonces por haber colaborado en el guión de *Toy Story*, estaba muy lejos de imaginar el frenesí que más tarde se apoderaría del público adolescente cuando retomase a su personaje, esta vez para la televisión.

Al invertir el papel que tradicionalmente se reservaba a las rubias desinhibidas en el cine de terror –en lugar de sucumbir ante las fuerzas del mal, Buffy las combate–, Whedon alteró sustancialmente las reglas del cine fantástico. Exponente del *neogirl power* tan digno o más que Lara Croft, el personaje permite reflejar, a través de un prisma muy peculiar, el paso de la adolescencia a la edad adulta. Su lucha contra los vampiros puede considerarse como una metáfora de las angustias y tribulaciones de ese período, algo que no ha pasado desapercibido para la legión de fans que siguen sus aventuras.

Pero la pasión por la joven heroína va más lejos. En la Red abundan los *fanfics*, es decir, los relatos escritos por fans. De hecho, existen millares, lo cual constituye todo un hito en la historia de la ficción, sea televisiva o no. La mayor parte se adecua a las líneas maestras de un episodio convencional, si bien los autores intentan

> «La juventud de los personajes, la tensión que se mantiene en cada episodio, el hecho de que la heroína sea joven y valiente, el humor... El éxito ha sido tan tremendo que apenas puedo comprender qué ha pasado.»
>
> **Sarah Michelle Gellar, alias Buffy**

diario íntimo que permite reflejar las ansias de miles de adolescentes, deseosos de expresar sus sentimientos. Quizá por ello, el Parents Television Council, un organismo de signo conservador, consideró la serie como la peor producción dirigida al público juvenil. Nunca se sabe qué animaladas se nos pueden pasar por la cabeza si no nos da por escribir, ¿verdad?

introducir elementos novedosos –como, por ejemplo, un insólito encuentro entre Buffy y el marqués de Sade– en aras de prolongar el entretenimiento a través del texto. Por si fuera poco, Internet ha dado una nueva entidad al personaje, hasta el punto de convertirlo en uno de los emblemas de la cultura gótica gracias a una nueva forma de

Sarah Michelle Gellar se convirtió en un icono adolescente gracias a Buffy, aunque para ello hubiese de enfrentarse con tipos como Spike, interpretado por James Marsters.

5 MP

6 Las amistades peligrosas

Por un lado, la televisión ha abierto las puertas de la fama a muchos actores, como por ejemplo Steve McQueen, Bruce Willis, Johnny Depp o George Clooney; por otro, el cine ha permitido que directores de la talla de Alfred Hitchcock, David Lynch o Quentin Tarantino se cuelen en nuestros hogares. En Estados Unidos, ambos medios no están tan separados como pudiera pensarse y cada vez hay más intérpretes, productores, guionistas y directores que se atreven a explorar este nuevo universo.

Hitchcock: marca registrada

Al coquetear con la televisión, el maestro difundió su imagen por todo el planeta... y se llevó un buen pellizco.

En 1955, Alfred Hitchcock se encontraba en el cenit de su carrera: no sólo había alcanzado la máxima expresión de su capacidad artística, sino que el éxito le sonreía tras el estreno de *La ventana indiscreta* y *El hombre que sabía demasiado.* Con todo, la televisión fue el medio que lo consagró como el director más popular de todos los tiempos... a pesar de que sólo llegase a dirigir 18 de los 361 capítulos emitidos de *Alfred Hitchcock presenta.*

No obstante, su presencia estaba asegurada gracias a sus apariciones al principio y el final de cada entrega. A contraluz y de perfil, su silueta avanzaba con parsimonia desde el extremo izquierdo de la pantalla hasta llegar al centro mientras sonaba la *Marcha fúnebre para una marioneta,* de Charles Gounod –una pieza a la que permanecerá ligado para siempre–. Tras un fundido en negro, Hitchcock volvía a aparecer ante los espectadores para hacer un pequeño comentario sobre las implicaciones morales del argumento del episodio. Se rodaron varias versiones de estas partes en función del público al que iban destinadas. Así, las dirigidas a los estadounidenses contenían alguna broma o alusión jocosa –cuando no parodia– sobre el patrocinador o algún anuncio publicitario del momento y las destinadas a los europeos, ciertas chanzas a propósito de sus vecinos del otro lado del charco. En los últimos años, franceses y alemanes contaron con presentaciones ex profeso gracias a que el cineasta se defendía bastante bien en ambas lenguas.

> «Hoy les presentamos una pequeña historia de asesinato, concupiscencia, venganza, estafa y codicia. Estoy seguro de que les encantará.»
>
> Alfred Hitchcock

Hitchcock hizo de su imagen toda una marca comercial y no tardó en convertirse en el primer gran director conocido a escala internacional (llegando incluso al extremo de ser invitado por el papa). Aún hoy, su efigie continúa apareciendo como reclamo de numerosas colecciones de libros. Ante tal éxito, no deja de ser curioso

que, cuando su agente y jefe de la Universal, Lew Wasserman, le propusiese el proyecto, se mostrase reticente. Sin embargo, algo debió de olerse, ya que aceptó con la condición de ser el productor ejecutivo de la serie. Una decisión que le reportó pingües beneficios cuando, pasados ya unos años, cedió sus derechos a cambio de un jugoso paquete de acciones que lo convirtió en el tercer accionista de la Universal. Un negocio redondo.

John Cassavettes: salvado por la tele

Gracias a la serie *Johnny Staccato,* el actor y director pudo ponerse al día y saborear el éxito tras un gran número de apariciones más o menos discretas en televisión y, sobre todo, la dura experiencia que supuso el rodaje de su primera película.

Endeudado tras el rodaje de su primera película, *Sombras* (*Shadows*), el joven director y actor de teatro se vio obligado a aceptar una proposición de Dick Berg, a la sazón guionista y compositor, para representar a un pianista de jazz un tanto peculiar en una serie de televisión. Por la noche, se ganaría la vida tocando en un club de Nueva York y, en sus ratos libres trabajaría como detective privado para llegar a final de mes resolviendo casos relacionados con el mundo del *show business.*

Creada en 1959, *Johnny Staccato* formaba parte de una nueva corriente en la que el jazz, el cine negro y la *Nouvelle Vague* se daban la mano. A pesar de que no sabía tocar el piano, Cassavettes se rodeó de una verdadera banda con la que los aficionados al *bebop* disfrutaron de lo lindo, gracias a las magníficas partituras de Elmer Bernstein. No deja de ser curiosa la cercanía y la rara musicalidad que hay entre el nombre del actor y el de su personaje, con el que se identificó plenamente. La serie no sólo le permitió saldar sus deudas, sino también darse a conocer al gran público y, de paso, atreverse a dirigir cinco episodios con los que mejorar su destreza como realizador.

Tales demostraciones de la multiplicidad de su talento comenzaron a suscitar el interés de ciertas personas en Hollywood. La Paramount permitió que el joven prodigio regresase a la gran pantalla –esta vez con unas condiciones de producción mucho más cómodas–, razón por la que *Johnny Staccato* no duró más de los 27 episodios de la primera temporada. A partir de aquel momento, Cassavettes se dedicaría casi por completo al cine, no sin pasar por numerosas dificultades.

«Los grandes estudios no querían ni oír hablar de John. Por aquel entonces, producía, escribía y dirigía sus películas con pasión, obstinación y valentía.»
Ben Gazzara,
actor y amigo

Steve McQueen: duro de pelar

Arquetipo mítico de la estrella rebelde, Steve McQueen debe mucho a la serie que lo dio a conocer y que lo enfrentó a todos.

Josh Randall era un cazarrecompensas, un tipo solitario para quien el dinero es la única ley. Interpretado por un jovencísimo Steve McQueen, a la sazón todavía desconocido, el personaje se encontraba muy lejos del cliché tradicional del *cowboy* viril, pero los productores de *Wanted: Dead or Alive* hicieron todo lo posible para lograrlo, algo que no agradó demasiado al actor.

> «Cuando creo en algo, lucho con todas mis fuerzas para defenderlo.»
>
> Steve McQueen

Aunque los productores deseaban un héroe infalible y casi omnipotente, capaz de acabar con varios enemigos a la vez, McQueen porfiaba para que el personaje fuese más humano y, sobre todo, verosímil. Sin embargo, el actor desistió muy pronto de su empeño y aprovechó el éxito de la serie para dar el salto a la gran pantalla. Cuando le propusieron un papel en *Los siete magníficos* (*The Magnificient Seven*), llegó a simular un accidente automovilístico con un Cadillac alquilado para que se interrumpiese el rodaje de la serie y aprovechar el período de «convalecencia» para hacer su debut en el cine.

Por si fuera poco, ya de vuelta en el plató, McQueen decidió introducir algunos cambios en su personaje en contra de la voluntad de los guionistas. El conflicto se prolongó durante algunas semanas... hasta que la joven estrella decidió romper el contrato. No se tardó demasiado en llegar a un acuerdo. McQueen logró acabar con la estética rutilante de la serie: a partir de aquel momento lució un viejo sombrero que adquirió a un *cowboy* retirado, montó un caballo más terco que él mismo escogió y, sobre todo, cambió de arma: la legendaria carabina Winchester con la culata y el cañón recortados con la que se convirtió en un experto tirador, hasta el punto de participar en numerosas competiciones de tiro.

Pero los cambios no se detuvieron ahí. Por lo que respecta al personaje, Steve McQueen pugnó por aportar sus propias ideas. De manera paula-

Steve McQueen intentó acabar con el mito del *cowboy* en *Wanted: Dead or Alive*.

tina, el ambiente se enrareció a causa de las continuas discusiones y el actor decidió tirar la toalla al cabo de tres años. Se había labrado una reputación –caprichoso para unos, perfeccionista para otros– que lo convertiría en uno de los grandes mitos del cine y le permitiría acercar los personajes que debía interpretar a los rasgos de su propia personalidad. Todo un arte.

Bruce Willis: el fogonazo

Gracias a *Luz de Luna*, el actor, por aquel entonces aparecido de la nada, eclipsó la carrera de su pareja y se catapultó al estrellato en un alarde de egocentrismo.

Barman estrella del Manhattan nocturno, Bruce Willis frecuentaba los cástings de Broadway con la esperanza de que le adjudicasen un papel que le cambiase la vida. Gracias a los contactos que hacía por las noches, conoció al actor y dramaturgo Sam Shepard, quien le ofreció uno de los personajes principales de su obra *Loco por amor* (*A Fool for Love*).

El inmenso éxito del espectáculo le permitió abandonar su trabajo para lanzarse a la jungla de las pruebas de reparto. Tras contratar a un agente, se dirigió a Los Ángeles para probar suerte con una serie que estaba a punto de rodar la cadena ABC. Al llegar, se encontró con que debía competir con otros tres mil candidatos. Según cuenta la leyenda, Gleen Cordon Caron –creador de *Luz de Luna* (*Moonlighting*)– se fijó en él cuando vio cómo todas sus secretarias se giraban al ver a la futura estrella.

Sin embargo, la cadena no estaba del todo convencida y lo puso a prueba en un episodio de *Corrupción en Miami.* Conviene tener en cuenta que su pareja tenía un cierto empaque: Cybill Shepherd se había convertido en una estrella de cine en la década anterior gracias a su participación en las películas de Peter Bogdanovich –su Pigmalión particular– y, sobre todo, en *Taxi Driver,* de Martin Scorsese. A su lado, Bruce Willis no tenía mucho que decir, pero se las arregló para convencer a los productores.

Luz de Luna obtuvo muy pronto el favor del público gracias a las tramas de sus episodios, su imagen innovadora y, sobre todo, su desenfado. La serie, construida sobre la atracción mutua que sentían los protagonistas, convirtió a Willis en una superestrella de la pequeña pantalla, algo que Cybill Shepherd no asimiló del todo bien y que acabó por afectar a los rodajes hasta el punto de que, en la tercera temporada, la actriz aprovechase su embarazo para abandonar las cámaras por una temporada. Willis también hizo lo mismo para probar suerte con el cine. Tras algunos intentos, dio la campanada con *La jungla de cristal* (*Die Hard*), para la que hubo de someterse a un duro programa de musculación. Su fama se extendió por todo el mundo. La última temporada de *Luz de Luna* aprovechó el tirón, si bien estuvo salpicada de numerosos encontronazos entre los actores. El *happy end* con el que se cerró la serie tuvo muy poco que ver con la realidad.

«Considero *Luz de Luna* la más brillante, la más divertida, la mejor escrita, la más innovadora e incluso la más increíble de todas las series de televisión que se han emitido.»

Orson Welles

Cybill Shepherd y Bruce Willis, la pareja protagonista de *Luz de Luna*. Dos caracteres volcánicos que deslumbran en la pantalla.

Johnny Depp: estrella a su pesar

A lo largo de cuatro años, entre 1986 y 1989, el actor que aceptó por despecho figurar en el reparto de una serie por la que no tenía ningún interés tuvo que cargar con las servidumbres de una fama que le deparó más de un disgusto.

Cuando le propusieron el personaje de Tom Hanson en *Jóvenes policías* (*21 Jump Street*), Johnny Depp lo rechazó sin pestañear. Acababa de interpretar un papel secundario en *Platoon,* un film muy bien acogido por la crítica, y el hecho de firmar un contrato para trabajar en una serie de televisión lo consideró como un freno para su incipiente carrera. Otro actor aceptó la oferta, pero, tras emitirse el episodio piloto, los directivos decidieron que no daba la talla. Depp, que a la sazón no había recibido ninguna propuesta para la gran pantalla, no se lo pensó dos veces cuando volvieron a llamarlo. Con todo, aquel tira y afloja le salió a cuenta.

> **«We never thought of finding a place where we belong,**
> **You don't have to stand alone, we'll never let you fall**
> **Don't need permission to decide what you'll believe...**
> **Ooh ! I said jump, down on Jump Street, Jump ! Down on Jump Street !»**
>
> **De la sintonía de la serie**

Jóvenes policías se inspiraba en las operaciones realizadas por una brigada que, desde 1974, se había infiltrado en los institutos de Los Ángeles para desmantelar las redes de tráfico de drogas. A Depp no le gustaban ni el argumento ni el carácter de su personaje. «Tan sólo tenemos en común un cierto parecido físico», llegó a comentar con ironía. No obstante, la serie funcionó muy bien y el actor, sin proponérselo, se convirtió en una toda una estrella.

Para aprovechar la expectación que se estaba desarrollando en torno al joven, los productores planificaron una ambiciosa campaña de promoción centrada en la prensa dirigida al público adolescente. Depp, halagado por la situación, se prestó con gusto al juego, aun no estando preparado para ello, encadenando entrevistas repletas de preguntas tontas y sesiones de fotos ridículas. Sin apenas darse cuenta, las cartas que recibía cada mes se contaban por millares. Muchas de ellas estaban escritas por jovencitas que lo amenazaban con suicidarse si no les

Jóvenes policías: **Peter DeLuise, Dustin Nguyen, Frederic Forrest, Holly Robinson Peete y Johnny Depp.**

respondía. Por si fuera poco, pronto emprendió giras cada vez más agotadoras. «Tenía la impresión de haberme convertido en una caja de cereales.» De manera paulatina, tomó conciencia de la situación y comenzó a rechazar algunos guiones y exigir cambios en los diálogos a pie de plató para que acabasen por despedirlo. Psicológicamente exhausto, estalló cuando no debía y golpeó al portero de un hotel que se negaba a franquearle el paso.

Por fortuna, el cineasta John Waters le propuso representar un pequeño papel en *Cry Baby* y de ese modo, gracias a un ardid jurídico, pudo cancelar un contrato que lo ligaba durante seis años.

George Clooney: cuestión de imagen

Durante más de diez años tan sólo le ofrecieron papeles de poca monta. Pero el patito feo se convirtió en un majestuoso cisne.

Niño de buena familia, hijo de un reputado presentador de televisión, sobrino de la cantante Rosemary Clooney y primo del cómico Miguel Ferrer, George Clooney dudó entre dedicarse al béisbol o al periodismo. En la universidad se esforzó por el primero, pero jamás logró superar las pruebas para entrar en un equipo profesional.

> «Sólo se está en el momento justo y en el lugar exacto una vez en la vida.»
>
> George Clooney

En 1982, con apenas veintiún años, decidió seguir los consejos de su primo y, contra de la voluntad de su padre, probó fortuna en Hollywood. Obtuvo diversos papeles para una quincena de episodios piloto sin que ninguno de ellos fuese emitido. Quien ahora es sin duda uno de los actores de mayor éxito dio bastantes tumbos hasta lograr su primer papel importante en 1984 en una *sitcom* titulada *E/R* y ambientada en un hospital de Chicago. Cualquier parecido con *ER* (las siglas de *Emergency Room,* la serie emitida en España como *Urgencias*), situada para más inri en la misma ciudad, no era más que una mera coincidencia.

La serie, basada en una obra de teatro de cuya adaptación se ocupó Susan Borowitz –autora de la futura *El príncipe de Bel-Air*– no duró más de una temporada. Clooney, con un peinado imposible y la socarronería que le ha hecho famoso, no tuvo la oportunidad de lucirse y debió trabajar en todo tipo de telefilmes y películas de serie Z como *Predator: The Concert, The Return of the Killer Tomatoes* o *Knights of the Kitchen Table.* Diez años de penitencia antes de dar la campanada con la interpretación del doctor Ross en *Urgencias.* Durante todo aquel tiempo hubo de esforzarse por mejorar su imagen y aprovechar todas sus bazas. Gracias a su encantadora sonrisa y su flema natural, se convirtió, ya en plena madurez, en un *sex symbol* a escala planetaria.

George Clooney, un amantes de las camisas blancas...

¿David Lynch? Yo tampoco

Precursor de la nueva generación de cineastas que trabajan para el medio televisivo, el director de *El hombre elefante* encajó la novatada con compostura. Sin duda, se trata de una historia de amor bastante extraña.

La oferta no dejaba de resultar bastante inusual para un cineasta, pero Tony Krantz, a la sazón agente de David Lynch, porfió para que su cliente dirigiese una serie de televisión. Para ello, preparó un encuentro con Mark Frost, guionista de *Canción triste de Hill Street,* para charlar sobre algunos proyectos cinematográficos. En el transcurso de una conversación en una cafetería surgió la imagen del cadáver de una joven en la orilla de un lago, que más adelante dio lugar a una de las primeras escenas de *Twin Peaks*: el descubrimiento del cuerpo de Laura Palmer.

David Lynch y su Palma de Oro en Cannes por *Corazón salvaje*.

> **«Valoro mucho la accesibilidad de la televisión. La gente está en sus casas, sin que nadie la moleste, predispuesta a entrar en un sueño.»**
>
> **David Lynch**

Ésa fue parte de la sinopsis que, durante diez minutos, expusieron ante los directivos de la ABC: a lo largo de la serie se intentaría dilucidar el crimen y, de paso, explorar la vida cotidiana de los habitantes de un pequeño pueblo.

La primera temporada, para la que se produjeron ocho episodios, se convirtió en un fenómeno mediático sin precedentes. Durante la primavera de 1990, todo Estados Unidos asistió a la cita semanal. Casi al mismo tiempo,

Lynch recogía la Palma de Oro en Cannes por *Corazón salvaje.* Por aquel entonces, se hallaba en uno de los momentos más gloriosos de su carrera. Sin embargo, tras el paréntesis veraniego, la ABC, temerosa de una pérdida de audiencia, presionó a los autores para que revelasen en el último capítulo la identidad del asesino. Aunque para Lynch, el misterio debería permanecer oculto eternamente, acabó por ceder. En un capítulo desbordante de tensión, se descubrió que el criminal era nada más y nada menos que el padre de la joven, si bien en aquel momento estaba poseído por un espíritu.

Tras ese viraje tan violento hacia lo fantástico, la serie perdió el favor del público irremediablemente. Lynch, sin perder el aplomo, volvió a probar suerte con *En el aire,* una siniestra comedia de situación, y, más adelante, con *Hotel Room,* aunque sin éxito. En 1993 realizó una versión cinematográfica (*Twin Peaks: Fuego, camina conmigo*) a manera de prólogo. En 2000 volvió a probar suerte con un episodio piloto que la ABC encargó para rechazarlo más tarde y que, convenientemente ampliado, dio pie a *Mulholland Drive,* estrenado en las grandes salas. Escarmentado, Lynch ha vuelto a producir series, concebidas esta vez para su sitio *web.* La televisión se lo pierde.

Tarantino: invitado de lujo

***CSI*, la serie más vista del mundo, se da el capricho de contratar a uno de los directores más cotizados de Hollywood. La decisión dio mucho que hablar.**

Fan absoluto de la cultura pop, Quentin Tarantino siempre se ha mostrado interesado por el mundo de las series de televisión. En 1995, dirigió el episodio final de la primera sesión de *Urgencias* y, a principios del nuevo siglo, hizo bastantes *cameos* en *Alias*. Sin embargo, en la realización del doble episodio con el que se clausuró la quinta temporada de *CSI*, el director se arriesgó a un ejercicio de estilo como antes no había hecho.

Su gusto por el humor negro lo animó a recuperar una idea sacada de una escena de *Kill Bill 2* en la que Uma Thurman permanecía enterrada en vida, además de hacer gala, una vez más, de su amor por la música country e introducir una escena onírica que frisase el gore rodada en blanco y negro (de nuevo, la influencia de *Kill Bill*), un artista invitado de lujo (Tony Curtis), así como conversaciones sobre cuestiones de lo más fútil (conviene tener en cuenta que los personajes de CSI jamás hacen ningún comentario sobre sus estados de ánimo ni sus vidas privadas). Los seguidores del cineasta aplaudirían a rabiar, pero las condiciones de producción son muy estrictas y es muy difícil alejarse de la biblia –es decir, del conjunto de directrices narrativas y estéticas que parecen inscritas en mármol y que ningún guionista puede saltarse–. El resultado siempre ha de contar con la aprobación de los productores, ya que la versión final nunca pertenece al director.

> «En televisión es muy raro ver a un director tan cerca de los actores. Y muy íntimo. Se pasea con su monitor para verlo todo desde distintos ángulos. Se toma su tiempo para ver nuestras repeticiones y comenta con sumo respeto cualquier detalle, por pequeño que sea.»
>
> George Eads, acerca del episodio doble de *CSI* dirigido por Quentin Tarantino

En vista de todo ello, salta a la vista que la firma de Tarantino es poco más que una herramienta de márke-

Gary Dourdan, Jorja Fox, William Petersen, Marg Helgenberger, George Eads y Paul Guilfoyle, el *dream team* de *CSI,* la serie estadounidense más vista en las últimas décadas.

ting muy útil por lo que se refiere a la credibilidad de la serie, ya que no se le permitirían demasiadas audacias desde el punto de vista cinematográfico. A menos que se decida a crear su propia serie algún día, cuando se invita a un cineasta a dirigir el capítulo de una serie, se espera que la noticia cunda entre el público, que el artista se lo pase bien y que, por supuesto, cobre.

7 Oh my god!

El pequeño mundo de las series de televisión dista mucho de ser un remanso de paz. Escándalos, controversias y polémicas de todo tipo jalonan la historia de la pequeña pantalla. La Casa Blanca se sienta a la mesa de los guionistas sin que la hayan invitado, y la ficción, en algunos momentos, parece imponerse a la realidad. Incluso los problemas de Angela, la protagonista adolescente de *Es mi vida*, llegan a provocar uno de los primeros seísmos de la red.

¿Quién dijo eso de que *televisión* rima con *sillón*?

Los intocables: cuando la mafia impone su ley

Considerada la serie más violenta vista hasta la fecha, su emisión estuvo envuelta en una agria polémica instigada, en buena parte, por la comunidad italoamericana.

En realidad, la brigada de los «intocables» se había disuelto antes de que cayese Al Capone, a principios de la década de 1930. La historia narrada en el telefilm que dio paso,

> «Se puede obtener más con una palabra amable y un revólver que con sólo una palabra amable.»
>
> **Al Capone**

gracias a su gran éxito en 1959, a la serie partía de una adaptación de la autobiografía publicada por el propio Eliot Ness. Sin embargo, la necesidad de rodar nuevas aventuras obligó a los guionistas a ceñirse más a los hechos y los frecuentes baños de sangre en los que de-

***Los intocables* se convirtió en el programa más violento de la televisión de los años sesenta.**

sembocaba cada capítulo llegaron a inquietar a las autoridades.

El Senado de Estados Unidos inició diversas investigaciones por medio de varias subcomisiones (Violencia, Delincuencia Juvenil, Comunicaciones) y reclamó la presencia de los directivos de la cadena ABC. Los productores respondieron que su mensaje era moralmente irreprochable, pues los partidarios del «mal» siempre acababan por fracasar. Por si fuera poco, la comunidad italoamericana, encabezada por Frank Sinatra –muy cercano, por otra parte, a la Mafia–, lanzó duras críticas contra *Los intocables* al considerar que daba muy mala imagen de sus miembros. A modo de protesta, se convocaron concentraciones ante la sede de la ABC y se recomendó el boicot de los productos que patrocinaban la serie, hasta el punto de que uno de los anunciantes se retiró tras recibir una amenaza de huelga por parte del sindicato de estibadores, una organización muy ligada a la Mafia.

En marzo de 1961, ABC cedió y anunció la firma de un acuerdo con la Liga Italoamericana contra la Difamación basado en tres puntos: en primer lugar, ninguno de los delincuentes tendría un apellido italiano; además, el papel de Enrico Rossi, uno de los Intocables, adquiriría mayor relevancia; y, finalmente, la serie debería reflejar mediante la inclusión de ciertos personajes italoamericanos la contribución positiva de esa comunidad a la sociedad estadounidense. Así mismo, los guionistas se comprometían a introducir esbirros de organizaciones irlandesas, judías, holandesas y griegas. No tardaron en aparecer nuevas reivindicaciones antes de que la serie emprendiese su cuarta y última temporada, que pasó sin pena ni gloria.

Robert Stack, en su interpretación de Eliot Ness.

Expediente X: una verdad incómoda

«La verdad está ahí fuera.» El eslogan que se repetía machaconamente episodio tras episodio fue adoptado con celeridad por todos los partidarios de la teoría de la conspiración –algo a lo que, por otra parte, se prestaba.

Un panfleto distribuido a la salida de los liceos franceses encendió la mecha. Ilustrado con dibujos bastante chapuceros de platillos volantes, extraterrestres y palabras como *corrupción, paro, droga, inmigración, injusticia, inseguridad, servicio militar, nuclear, sida* y un contundente *la verdad está ahí fuera,* invitaba a marcar un número de teléfono que resultaba ser el del Frente Nacional de la Juventud (FNJ).

> «Una mentira es más creíble si se desliza entre dos verdades.»
>
> Garganta profunda, confidente de Fox Mulder

Estamos a finales de 1996. En Francia, *Expediente X (The X Files)* se había convertido en una fuente de alegrías para la cadena M6 cada sábado por la noche. Sin embargo, tras aquella incómoda campaña publicitaria, sus directivos asistieron atónitos a la operación emprendida por el partido de ultraderecha para recabar nuevos simpatizantes entre el público aficionado. El FNJ había recomendado a sus militantes que se afiliasen al club de fans de la serie. La estrategia de infiltración no dejaba de ser un tanto extravagante, sobre todo teniendo en cuenta que se trataba de un partido político.

¿Cómo se pudo llegar a tales extremos? *Expediente X* narra, recordémoslo, las tribulaciones de un agente del FBI persuadido de que los gobiernos de todo el planeta se hallan implicados en un complot urdido en connivencia con los extraterrestres tras los hechos acaecidos en Roswell en 1947. Ésa sería, por decirlo así, la primera interpretación que harían los aficionados. Sin embargo, la relación que en un pasado reciente se estableció entre la extrema derecha estadounidense y los cazadores de ovnis no es una superchería. De hecho, se ha llegado a hablar de la influencia en la serie de la cienciología, sobre todo en lo que concierne a cuestiones tan poco ortodoxas como la hipnosis y la transmigración mental.

De todos modos, las interpretaciones alegóricas permiten todo tipo de

Fox Mulder (David Duchovny) y Dana Scully (Gillian Anderson) en busca de la verdad.

conclusiones, por muy contradictorias que sean. No es extraño, pues, que Greenpeace, en sus protestas contra las importaciones de soja transgénica para el mercado británico, recomendase a los manifestantes que se vistiesen de blanco y se maquillasen con una gran equis de color verde que les cruzase el rostro. No cabe duda de que el desencanto que suscita la idea de progreso científico y la falta de confianza en los poderes públicos en nuestros días hayan convertido esta serie en un testimonio de nuestro tiempo.

El caso de *Es mi vida*

Los primeros balbuceos de internet sirvieron de altavoz a las quejas de los fans frustrados por la interrupción de la serie *Es mi vida.* No faltaba demasiado tiempo para que el nuevo medio se convirtiese en un campo de batalla.

Nos encontramos en septiembre de 1994, a punto de ver *Es mi vida* (*My So-Called Life*), una serie que, por primera vez en la historia de la televisión, trata la vida cotidiana de los adolescentes con gran realismo.

Por desgracia, los niveles de audiencia no fueron nada del otro mundo. Los responsables de programación de la cadena ABC no sabían nada del público al que se dirigían (en aquellos tiempos, no había demasiadas series destinadas a los jóvenes) y tampoco cayeron en la cuenta de que, dada la calidad de los guiones, podía atraer a un sector más adulto. A pesar de que la primera temporada iba a constar sólo de seis episodios, la cadena decidió detener el proyecto tras la emisión del tercero.

> *Es mi vida* ofrece «el retrato de la adolescencia más doloroso y sincero que ha podido verse en televisión».
> Greg Berlanti, guionista y director

Estrenada en 1994, *Es mi vida* mostró la vida y las experiencias cotidianas de Angela (Claire Dames), una adolescente que vive a las afueras de Filadelfia.

Cuando se anunció la suspensión, un joven periodista, Steve Joyner, abrió un foro de discusión en Internet al que bautizó como *Operation Life Support* («Operación de mantenimiento vital»). En su llamamiento, proponía recoger fondos para publicar en algún periódico de Hollywood una carta abierta a los directivos de la ABC. La campaña tuvo un cierto eco gracias a un artículo del *New York Times* e incluso llegó a instalarse un ordenador conectado a la red en el plató de rodaje para que el equipo de producción siguiese en directo los numerosos mensajes de apoyo que los internautas enviaban. A finales de enero de 1995, todos los capítulos habían pasado por antena. Tres meses más tarde, los repuso la MTV, si bien el futuro de la serie era más que incierto. Poco después, en junio, se dio el carpetazo definitivo. Joyner acusó a la actriz Claire Danes de hundir la serie al negarse a ligar su carrera, a la sazón naciente, a un proyecto a tan largo plazo.

Como puede imaginarse, la ABC se sirvió de esa excusa –un tanto traída por los pelos– y los aficionados se fueron desentendiendo poco a poco de la *Operation Life Support.*

Profit, o la sonrisa del cocodrilo

Ciertos detalles no pasan desapercibidos; incluso pueden acabar por enterrar una serie. Una manera como cualquier otra de pasar a la historia...

No es raro que una serie se interrumpa durante el proceso de producción. Cada año suele pasar y en la actualidad existe un enorme cementerio audiovisual formado por obras de las que jamás se sabrá el final. La razón es de sobra conocida: la audiencia, tan cicatera con las historias medianamente interesantes. Aunque no es fácil emitir un juicio basándose tan sólo en unos cuantos episodios, los directivos de las grandes cadenas no muestran demasiados reparos a la hora de hacerlo. De todos modos, tampoco es raro el caso de algunas series de gran calidad que han sido mantenidas durante varias temporadas por deseo expreso de los programadores. El caso de *Profit*, sin embargo, no deja de ser curioso, ya que su suerte dependió de un solo detalle.

> «Cuando el humo se disipa y todo se ve con claridad, sólo hay tres cosas que cuentan: la fe, la honradez y la familia.»
>
> *Profit*

Su protagonista, Jim Profit, un empleado en una empresa multinacional, estaba dispuesto a medrar a cualquier precio. Para lograrlo, recurrirá a todo tipo de ardides, desde el chantaje a la extorsión, llegando al asesinato si fuese menester. Personaje maquiavélico, hasta cierto punto antecesor de *Los Soprano*, ofrece la imagen distorsionada de un joven *yuppie* de dientes afilados y no pocos defectos. No cabe duda de que su retrato debe bastante

Arribista sin tapujos, Jim Profit lo intentará todo para hacerse con el poder. Absolutamente todo. La serie mostró con sumo detalle todas sus tretas pero, como suele pasarnos en el mundo real, se mantuvieron ocultos ciertos aspectos de su vida aún más sombríos si cabe.

a Bret Easton Ellis y su *American Psycho.*

Con el apoyo incondicional de la prensa, la Fox se propuso convertir la serie en uno de sus pilares gracias a su innegable espíritu subversivo. Por desgracia, su andadura fue más bien breve, pues no llegaron a emitirse más que cuatro episodios. Tras las curvas de audiencia del programa piloto, presentado el 8 de abril de 1996, nada hacía pensar que algo saldría mal. El público respondía según lo esperado y el panorama era muy prometedor.

Sin embargo, en uno de los últimos capítulos, Jim Profit se abalanzó sobre una mujer que acababa de entrar en su despacho, la abrazó con pasión y, pasados unos segundos, dejó caer un nada inocente «¡hola, mamá!». Demasiado para los espectadores, quienes comenzaron a cambiar de canal hasta desaparecer casi por completo.

Al cabo de unos días, las quejas de madres de familia que se sentían ultrajadas ante tal escena comenzaron a acumularse de manera preocupante. Poco después, la serie acababa en un rincón de algún departamento de objetos perdidos.

Cuando la Casa Blanca muestra interés por los guiones...

Todo comenzó a principios del año 2000. Al parecer, el Gobierno Clinton inició una campaña subliminal contra las drogas a través de las series de televisión. La noticia, sin embargo, pasó completamente desapercibida.

***Sensación de vivir*, la serie por antonomasia de los años noventa, se centraba en la vida cotidiana de unos jóvenes acomodados de Los Ángeles, aunque sin cargar demasiado las tintas...**

Un periodista de la publicación digital *Salon.com* logró, tras seis meses de ardua investigación, revelar algunos datos. Por aquel entonces tan sólo estaban al tanto algunos directivos de las grandes cadenas y empresas de publicidad, así como ciertos funcionarios de las agencias gubernamentales.

Todo comenzó a finales de 1997, cuando el Congreso de Estados Unidos aprobó un presupuesto de mil millones de dólares con el que financiar una enorme campaña para luchar contra la adicción a los estupefacientes. Poco después, el Gobierno cerraba un acuerdo con las grandes cadenas de televisión para adquirir espacios publicitarios a un precio más que razonable.

Sin embargo, el auge de la nueva economía vino acompañado de una demanda creciente de tiempo de emisión publicitaria y las cadenas comenzaron a arrepentirse de la venta. La Office of National Drug Control Policy (ONDCP), el organismo dedicado a la lucha contra la droga, propuso un nuevo trato –esta vez secreto– por el cual se canjeaba el tiempo de emisión publicitaria por ciertos cambios en los guiones de las series de mayor audiencia. La trama se urdió con tal maestría que ni los productores ni los guionistas se sintieron presionados en ningún momento.

Como resultado de ese nuevo acuerdo, se *manipuló* más de un centenar de episodios. Las series más afectadas fueron, con diferencia, *Urgencias* (*ER*), *Chicago Hope* y, sobre todo, *Sensación de vivir* (*Beverly Hills 90210*), para la que se llegó a producir un telefilme especial en el que se mostraba detalladamente el descenso de un personaje a los infiernos de la droga. No cabe duda de que la propaganda llegó a extremos sutilmente... alucinantes.

La ONDCP se encarga de coordinar la política antidroga en Estados Unidos mediante el establecimiento de diversos objetivos y prioridades. Uno de ellos: la serie *Urgencias*.

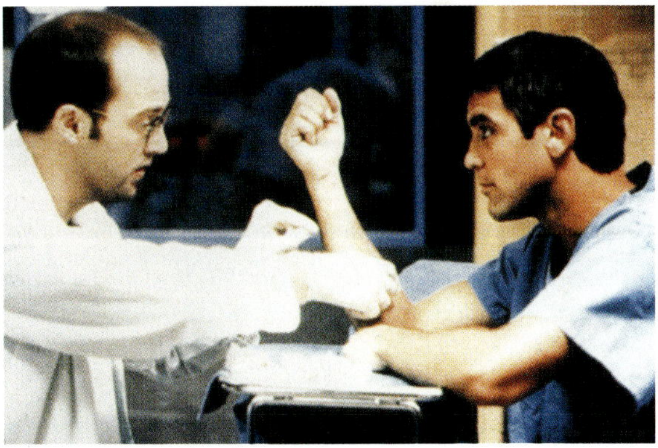

Anthony Edwards y George Clooney, protagonistas de *Urgencias* y aguerridos luchadores contra el mundo de la droga.

South Park: ni Dios ni amo

Con un gusto desmedido por los temas escabrosos, los descarados monigotes de *South Park* nunca lograrán encajar en lo políticamente correcto, algo que les ha concitado las iras de medio mundo.

Dirigida a un público adulto, la serie de dibujos animados recibió duras críticas desde el principio a causa de su lenguaje vulgar y sus constantes alusiones sexuales. Sus creadores, Matt Stone y Trey Parker, no se imaginaron que iban a rodar más después de que Comedy Central hubiese adquirido los derechos para emitir los seis primeros episodios, realizados con una más que rudimentaria técnica. Sin embargo, la serie perdura aún, diez años después, no sin despertar enconadas polémicas.

«A todo el mundo le parece genial que nos metamos con Tom Cruise o la Virgen María, pero ¿qué pasa cuando le arreamos estopa al *!@$% de Michael Moore? Que nos convertimos en unos fachas. ¡De hecho, se han inventado esa etiqueta de conservadores a lo South Park porque no saben qué hacer con nosotros!»

Matt Stone, en una entrevista para *Rolling Stone*

En el episodio titulado «Atrapado en el armario» («Trapped in the Closet»), se ensañan con Tom Cruise por su presunta homosexualidad y su pertenencia a la Iglesia de la Cienciología. Furioso, el actor logró que se prohibiera su redifusión en Estados Unidos. Por si fuera poco, el público británico jamás tuvo la oportunidad de verlo por televisión. El periódico *Los Angeles Times* llegó a hablar de un «Closergate» y el incidente causó un profundo malestar entre el equipo, hasta el punto de que Isaac Hayes se apeó del proyecto. El célebre cantante soul, también acólito de la secta, daba voz a Chef, uno de los personajes principales de la serie y, sin duda, el más popular de todos.

Sin embargo, nada hacía esperar que el tren se detuviera. Tres semanas más tarde, en el episodio «Bloody Mary», el papa se interesaba por una imagen de la Virgen que sangraba por el recto. Otro gran escándalo. La Liga Católica para los Derechos Civiles y Religiosos también hizo todo lo posible para que se impidiese su reposición. ¿Hasta dónde serán capaces de llegar los autores?

En abril de 2006, durante la vorágine suscitada por las caricaturas de Mahoma publicadas por un periódico danés, Stone y Parker decidieron introducir al Profeta en su elenco particular. La escena fue censurada y sustituida por un rótulo en el que la cadena justificaba su decisión. Sin embargo, cinco años atrás habían hecho lo mismo sin que nadie les reprochase nada. Los tiempos cambian que es una barbaridad.

El mal viaje de *Rescue Me: Equipo de rescate*

En junio de 2006, uno de los episodios de esta serie desató la polémica en los medios de comunicación por una escena en la que se mostraba una violación conyugal. Sus autores, lejos de retractarse, la reivindicaron sin ambages.

Los aficionados, al igual que los periodistas especializados, no daban crédito a lo que veían: Tommy Gavin, el famoso bombero neoyorquino caído en el alcoholismo y la neurosis tras la pérdida de sus compañeros en los atentados del 11-S, había violado a su ex mujer sin que ella hubiese opuesto demasiada resistencia. Por si fuera poco, se despedía de ella con una sonrisa en los labios. El capítulo, titulado «Sparks», cayó como una bomba.

Al día siguiente, los foros de televisión de internet amanecían repletos de mensajes escandalizados. En los periódicos, tres cuartos de lo mismo. Tachada de misógina en el mejor de los casos, *Rescue me: Equipo de rescate* fue el blanco de las críticas, hasta el punto de que el *Chicago Tribune* reprochaba el haber glorificado el comportamiento inmaduro de su protagonista. ¿En qué pensaban los productores (máxime cuando uno de ellos es el actor en cuestión)? La respuesta de Denis Leary, el principal afectado, no se hizo esperar: «Es uno de los mejores trabajos que se pueden realizar. El resultado es notable, sobre todo en lo que respecta a las emociones y la psicología del personaje». Sin duda, era una provocación suplementaria, comprensible desde el punto de vista del actor y productor, si bien uno de los guionistas, Peter Tolan, echó más leña al fuego al afirmar que sus personajes son «personas con graves carencias afectivas, incapaces de expresar sus emociones sin comportarse con una cierta brutalidad».

Pero tales explicaciones no bastaron para el Parents Television Council, un organismo para el que FX, la cadena de la serie, era su cabeza de turco preferida. Su poder es considerable, ya que gracias a contar con más de un millón de miembros, tiene la posibilidad de presionar a buena parte de los anunciantes para que retiren sus *spots* del tiempo publicitario dedicado a la serie. Su credo no da pie a malentendidos: «¿Acaso el entretenimiento, para estar al día, debe ir acompañado de blasfemias, sexo gratuito y violencia explícita?». Amén.

SERIES PREMIERE PRESENTED COMMERCIAL-FREE BY Miller
DENIS LEARY
They save us. But who saves them?
RESCUE ME
A new original series

8 Otra vuelta de tuerca

Si hay algo que caracteriza a las series de hoy día, sin duda es su atrevimiento. De un tiempo a esta parte se pasean por nuestras pantallas mafiosos que van al psicoanalista, doctores más preocupados por las enfermedades que por sus pacientes, romanos que ni visten falditas ni gritan *¡Ave, César!* todo el rato, empollones sin gafas y bastante atractivos, superhéroes *fashion* que no se embuten en leotardos de colores chillones, madres de familia que ven muertos por todas partes o, incluso, frikis a los que, mira tú por dónde, nos gustaría parecernos, aunque sólo fuera un poquito. En definitiva, la tele ya no es lo que era.

Los Soprano, o ¿alguien sabe qué ha pasado?

A lo largo de 86 episodios, Tony Soprano había demostrado ser un capo de la Mafia muy poco convencional y, sobre todo, muy distinto de la imagen que Coppola había dado con su don Vito Corleone.

Quizás por ello, el público que se agolpaba frente al televisor aquella noche del 10 de junio de 2007 esperaba algo distinto. Corrían rumores de que el último episodio terminaría de una manera insólita. Los productores habían afirmado que no moriría ninguno de los personajes principales, por lo que no cabía imaginarse largos tiroteos a cámara lenta en los que la *familia* Soprano viviese su particular Crepúsculo de los Dioses. Desde el principio se había querido evitar cualquier reminiscencia de la saga de *El Padrino* y había que ser consecuentes hasta el final.

Sin embargo, nadie pensaba que iban a serlo hasta aquellos extremos.

Tras más de cuarenta minutos en los que no había pasado nada raro, Tony Soprano se sentó a la mesa con su familia para disfrutar de una apacible cena familiar. La conversación fluía de manera distendida y nada hacía presagiar lo que estaba a punto de suceder. Sin que nadie lo advirtiese, una sombra irrumpió en escena. La tensión iba en aumento. Los espectadores se temieron lo peor y aguardaban el momento en que Tony cayese sobre la mesa después de que le hubiesen asestado el tiro de gracia. Pero... ¿no habían dicho que nadie iba a morir?

Y cumplieron con su promesa: antes de que el extraño se hubiese acercado lo suficiente al protagonista, hubo un fundido a negro que duró

«No había un buen final posible [...]. El último capítulo fue una travesura: el suspense creado en la última escena rozaba la crueldad y eso de cerrar con el "Don't Stop Believin" de Journey era la última vuelta de tuerca.»
Alessandra Stanley, periodista del *New York Times*

Para muchos críticos, los guionistas actuaron de forma consecuente, ya que la muerte de Tony Soprano podría haberse interpretado como una especie de sentencia por todas sus fechorías.

diez segundos. Sin sonido. Después, los títulos de crédito.

Aquel final abrupto, sin duda el *cliffhanger* más exagerado de la historia de la televisión, dejó a los espectadores boquiabiertos... e indignados. Después de que miles de ellos se hubiesen asegurado de que no habían perdido la señal de cable durante aquellos fatídicos instantes, comenzaron a bombardear los servicios de atención al cliente de la cadena HBO con todo tipo de mensajes. Desde aquel momento, los últimos cincuenta y cinco minutos de la serie se convirtieron en el objeto de miles de críticas y comentarios de todos los medios de comunicación del mundo. Nadie podía entender por qué habían decidido terminar de aquella manera. ¿Acaso estaban preparando una nueva temporada... o es que, simplemente, no sabían cómo terminar la historia? Sea como fuere, no cabe duda de que guionistas y productores se cubrieron de gloria.

House y los inconvenientes del juramento hipocrático

Su carácter huraño y sarcástico le ha granjeado las simpatías de medio mundo, hasta el punto de que muchos telespectadores estarían encantados con tenerlo como médico de cabecera. Pero ¿realmente es así nuestro querido doctor?

Quien más quien menos ha tenido la suerte o la desgracia de encontrarse con médicos tan afables y atentos como el doctor House. Quizás no se haya dado cuenta de ello porque el tiempo de consulta de la Seguridad Social no da para mucho, pero si hace un esfuerzo por recordar, seguro que le vendrá a la mente alguna frase pretendidamente ingeniosa, una mueca burlona o un ademán en el más puro estilo funcionarial que le haga pensar que el personaje de marras es la quintaesencia de nuestros profesionales de la sanidad pública.

No se equivoque: ni nuestros médicos se comportan de una manera tan fría –más bien todo lo contrario: no sabe en qué situaciones deben trabajar muchas veces– ni los productores de *House* se propusieron mostrar la cara menos apacible de la profesión médica. ¿O sí?

Hasta que el doctor House apareció en nuestras pantallas, nos habíamos acostumbrado a series en las que médicos repeinados y con batas impolutas corrían por los pasillos de la sección de urgencias gritando cosas como «ha sufrido una parada cardiorrespiratoria», «póngale cien miligramos de pentotal sódico», «llevadlo al quirófano inmediatamente, hemos de operar» cuando no un descorazonador «lo hemos perdido» –al que de inmediato alguien apostillaba «por más que sucede, nunca logro acostumbrarme».

> **Triter: Una enfermera de la que se rió seguramente le habrá echado alguna mierda en el café.**
> **House: Seguro… y eso que se lo pedí desmierdifeinado.**

House rompe con la imagen almibarada y políticamente correcta que ha tenido la profesión médica en la televisión, no con el cinismo de Christian Troy, el cirujano vacilón de *Nip/Tuck,* sino con la aplicación a rajatabla de lo que debe ser el juramento hipocrático,

Su aspecto desastrado ha hecho pensar a más de un crítico en un posible parecido con el detective Colombo, pero más allá de las arrugas de la camisa, no hay nada que los una... salvo sus grandes dotes para la intuición y el pensamiento deductivo.

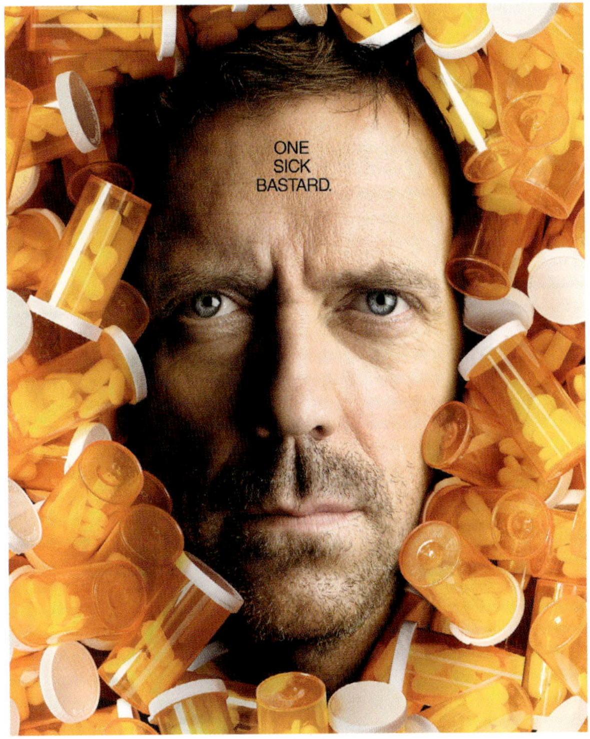

aunque con un cierto toque de despotismo ilustrado: todo para el paciente, pero sin el paciente.

A diferencia de otros médicos de ficción, House no pasa el rato charlando con sus pacientes; no tiene tiempo para frases de cortesía o chascarrillos. Ni siquiera se permite un guiño o una leve palmadita. Sus ojeras y su barba de tres días son de verdad, igual que su camisa arrugada y su aspecto desastrado, pero no porque se pase el día trabajando –que también–, sino porque su aspecto físico le trae sin cuidado. Tan sólo parece vivir por y para una cosa: la enfermedad. El doctor House se preocupa por sus pacientes, de ello no cabe duda, pero mucho más por los extraños síntomas que suelen presentar. Cada consulta, cada diagnóstico se convierten en un reto que debe resolver. No se arredra ante los cuadros más enigmáticos, ni le asustan las hipótesis aventuradas. Y ésa es la clave de su éxito: House sabe que sólo si se enfrenta a la enfermedad con todas sus consecuencias, logrará acabar con ella y, de paso, salvar al paciente.

Hay quien ha visto en el personaje el trasunto de un filósofo cínico, como si se tratase de una especie de Diógenes de la medicina. Nada más lejos de la realidad: tan sólo se trata de un profesional honrado que cumple con su trabajo.

Roma, o lo caro que cuesta fundar un imperio

Sólo alguien como John Milius, guionista de *Apocalypse Now* y director de *Conan el bárbaro*, podía afrontar el reto de producir una de las mayores series de la historia de la televisión.

Cuando en el 52 a.C. Julio César derrotó a Vercingétorix en la batalla de Alesia, era plenamente consciente de que su lucha contra Pompeyo había dado un giro que lo conduciría a la victoria. Sin embargo, cuando los productores de la HBO y la BBC se propusieron llevar a la pantalla televisiva los acontecimientos que precipitaron el final de la república romana y el nacimiento del imperio, no se imaginaron el berenjenal en el que se habían metido.

La propuesta no dejaba de ser arriesgada: hacía casi treinta años que los antiguos romanos habían desaparecido del medio. Desde *Yo, Claudio* (*I Claudius,* 1976), las únicas togas que se habían visto en pantalla eran las de alguna reposición de péplums de tercera o películas de juergas universitarias. Pero todo cambio tras el éxito de *Gladiator* (2000). Las espectaculares reconstrucciones de la Roma imperial, la suntuosidad del vestuario y el crudo realismo de las batallas, rodadas a ritmo de videoclip, atrajeron el interés de un público dispuesto a aprender algo de historia siempre y cuando se cumpliese la máxima horaciana de *instruir deleitando.*

El éxito no se hizo esperar: desde la emisión del primer episodio, miles de espectadores siguieron la serie con fruición, atraídos no sólo por la crudeza de sus imágenes, en las que el sexo y la violencia explícitos campan a sus anchas, sino por la extraña fascinación que causaba aquella imagen de un mundo que, a pesar de encontrarse en los orígenes de nuestra civilización, nos era completamente desconocido. Sin embargo, pese a los buenos resultados de audiencia, a duras penas se consiguió amortizar el gasto. La inversión inicial de cien millones de dólares casi se duplicó al final de la temporada a causa en parte del alto coste de los decorados –más de dos mil metros cuadrados en Cinecittà–, el atrezo y el personal de producción, que constaba de cerca de cuatro mil personas. Por ello, tras un tenso encuentro con los directivos de

«Sé que no empezamos bien: tú matando a tu hombre y todo eso...»
Tito Pullo

la HBO y la BBC, sus productores aceptaron dejar *Roma* tal como estaba y no rodar ni una escena más.

Pero los hechos son tozudos, sobre todo cuando internet está por medio. Tras los rumores sobre su cancelación, legiones de aficionados estadounidenses de toda edad y condición se abalanzaron sobre sus teclados para expresar su protesta. Al fin y al cabo, como algún perspicaz espectador intuyó, era la única manera de aprender algo que no aparecía en los manuales escolares, repletos de inútiles nombres y fechas. Hubo incluso quien estableció paralelismos entre Roma y Estados Unidos e invocó la necesidad de recuperar las viejas tradiciones republicanas. Por primera vez, educación y espectáculo iban de la mano. Ante tal alud de protestas, no hubo más remedio que replantearse la posibilidad de preparar nuevas temporadas *sin gastar ni un centavo más,* algo imposible después de que un tremendo incendio acabase con buena parte de los estudios de Cinecittà. Jamás una serie de televisión hizo tanto honor a la máxima *per aspera ad astra* («a través de la adversidad, hacia las estrellas»).

Numb3rs, o cuando los empollones pasan a la acción

La estela de *CSI* es más larga de lo que cabría pensar. Sin embargo, ¿quién iba a decirnos que se podía resolver un caso echando mano de la calculadora? No ponga esa cara: la serie está basada en hechos reales.

¿Se acuerda de aquellas películas sobre juergas universitarias en las que aparecían unos extraños seres con gafas reparadas con esparadrapo, ropas lisérgicas y risa boba? Sí, exacto: empollones (o *nerds*, en la jerga estadounidense). Pues olvídese de ellos, porque los pitagorines de hoy en día no sólo visten a la última y juegan bien al baloncesto, sino que además colaboran en la lucha contra el crimen y salen con la chica más guapa de la facultad.

O, al menos, eso es lo que nos cuentan en *Numb3rs*, la última producción de Ridley y Tony Scott, quienes ya habían estado al frente de *The Hunger: El lado salvaje del deseo* (1997), una serie cuyos experimentos formales atragantaron a más de un espectador demasiado confiado.

Quizás por ello los hermanos Scott prefirieron moderar un poco sus ambiciones estéticas y volcarse más en la creación de unos personajes y unas historias mucho más perfilados en los que la imagen se limita a mostrar cuanto ocurre sin caer en virtuosismos. Con el atractivo subtítulo *Los números no mienten... las personas, sí* cada episodio narra las vicisitudes por las que debe pasar un inspector del FBI para resolver casos de una com-

> «Hay muy pocas personas en nuestro país que se interesan por las matemáticas [...]. Por eso pensamos que, si podíamos mostrar lo que pueden hacer las matemáticas y que un matemático también puede ser un héroe, tal vez los más jóvenes se dedicasen a estudiar un poco más.»
>
> Cheryl Heuton, productor de la serie

¿Estará el público preparado para tal derroche de saber matemático? Con tantas reformas educativas, quién sabe.

plejidad tan endemoniada, que apenas podría dar un paso si no fuera por la ayuda de su hermano, un matemático de primera fila.

Sin embargo, que nadie se espere una *buddy movie* al uso. *Numb3rs* no es una serie de *colegas* ni sus protagonistas forman una de esas parejas imposibles en las que las virtudes de uno compensan los defectos del otro. A pesar de que los argumentos recuerdan bastante a *CSI*, no se hace tanto énfasis en la tecnología –de hecho, a Charlie le basta con una pizarra y un rotulador para plantear sus hipótesis– y los personajes parecen tener una vida propia al margen de su trabajo... quizás porque, además de los crímenes, lo que más nos llama la atención es la tremenda humanidad de sus protagonistas. Ni Don es un zopenco que ignora cómo tratar a su hermano pequeño, ni Charlie piensa que es el más inteligente de los dos. Todo lo contrario: ambos se profesan una admiración rayana en el cariño que nos demuestra que, por muy sabelotodos y duros que seamos, también tenemos nuestro corazoncito.

Héroes: porque el *glamour* está más allá de los leotardos

¿Le gustan las historias de superhéroes pero le da vergüenza que le vean leyendo viñetas de enmascarados embutidos en uniformes de colores chillones? No se preocupe, las cosas han cambiado mucho desde que a Alan Moore se le ocurriese escribir *Watchmen*.

Desde que las primeras entregas de *Watchmen* aparecieron allá por 1988, nada fue como antes... en el mundo de los superhéroes, claro. Aquellos personajes de ficción construidos de una sola pieza, seguros de sus actos y orgullosos de sus superpoderes. Tras tanta máscara y coraza se ocultaba una legión de hombres y mujeres más vulnerables de lo que cabría imaginar, consumidos por dudas y remordimientos, atenazados por una responsabilidad que no deseaban y, sobre todo, incapaces de llevar una vida tan anodina como cualquier otro mortal.

Sin embargo, en honor a la verdad, Moore se limitó a dar una vuelta de tuerca en un proceso que se venía dando desde principios de los años setenta, cuando Neal Adams y Dennis O'Neil se propusieron dar un giro «social» a las historias de superhéroes o los mutantes de la Patrulla X comenzaron a hacerse demasiadas preguntas. El público había crecido, la época de Kennedy era ya sólo un recuerdo y el mundo era cada vez más tenebroso.

Ganadora de tres premios Saturn y finalista en los Globos de Oro, *Héroes* se ha convertido en un fenómeno de masas que fascina a jóvenes y adultos, justo lo que todo buen anunciante desea. Quizás por ello cada segundo publicitario roce los 300.000 dólares.

En un contexto como éste, en un mundo turbio y del que sospechamos que va a peor, cada vez cuesta más tomarse en serio a los superhéroes. Quizás por ello Tim Kring, uno de los creadores de *Crossing Jordan*, decidió ponerse en contacto con Jeph Loeb, quien había escrito algunos guiones para Marvel y DC, para idear una nueva serie que se apartase de experiencias anteriores, como *Lois y Clark* (*Lois & Clark: The New Adventures of Superman*, 1993), *Mutante X* (*Mutant X*, 2001) o *Smalville* (*Smalville: Superman, the Early Years*,

2001). Lo que iba a ser un breve encuentro de treinta minutos se convirtió en una larga caminata de más de cinco horas en la que ambos fueron desgranando todas las ideas que, unas semanas más tarde, presentaron a los directivos de la NBC. Pese a las reticencias iniciales, la cadena apostó por el proyecto y...

Mutantes, fenómenos de feria o representantes de un nuevo paso en la evolución humana, los protagonistas de la serie deben aprender a convivir con su pesada carga.

El 25 de septiembre de 2006 los espectadores asistieron atónitos a un hecho difícil de explicar: en diversas ciudades del mundo, de Los Ángeles a Tokio, pasando por Nueva York o Las Vegas, diversas personas descubrían desconcertadas que poseían algún tipo de poder que los hacía distintos. Sin ninguna razón aparente. De la noche a la mañana. ¿Qué había sucedido? ¿Cómo era posible algo así? *¿Por qué a ellos?* La respuesta quizás se vislumbrase en los siguientes capítulos, aunque el éxito de audiencia iba a presagiar que la historia daría para varias temporadas. Sin embargo, catorce millones de aficionados disponen de la confianza y la paciencia suficientes como para aguantar hasta el último momento. ¿Quién dijo que no había héroes al otro lado de la pantalla?

Medium: más allá del *biopic* sobrenatural

No cabe duda de que hablar con los muertos, predecir el futuro y leer la mente de los demás no son habilidades que, de momento, se exijan a los candidatos a convertirse en agentes de policía. Quizá por ello, de vez en cuando sea tan útil contar con la ayuda de alguien como Allison DuBois.

De un tiempo a esta parte, el interés por la magia y los fenómenos sobrenaturales ha experimentado un cierto auge, gracias al éxito de series como *Embrujadas* (*Charmed*), en la que tres hechiceras de muy buen ver intentan, entre bromas y veras, controlar sus poderes y, de paso, hacer frente a las hordas del mal. Sin embargo, no todo es tan sencillo. El espectador más avezado sabe perfectamente que cuando Dios te da un don, también te da un látigo para que te fustigues, y que las aparentes ventajas que acompañan a ciertas habilidades que se salen de lo normal pueden convertirse en un auténtico suplicio.

Que se lo digan si no a Allison DuBois, una abnegada madre de familia que, sin saber cómo ni por qué, un buen día descubre que posee la capacidad de comunicarse con los muertos e introducirse en la mente de ciertas personas. Como es de esperar, a partir de ese momento, y tras un leve desconcierto, emprenderá su lucha personal contra el crimen, pero en lugar de embutirse en un traje de licra y salir por las noches para deshacer entuertos, optará por una vía mucho más práctica: colaborar con las fuerzas de la ley desde su puesto como ayudante del fiscal.

La serie, estrenada por la NBC en 2005, venía respaldada por la polémica: lejos de basarse en un argumento y unos personajes completamente ficticios, los guionistas partieron de las experiencias de la verdadera Allison DuBois que, al igual que su sosias en la pequeña pantalla, ponía sus poderes paranormales al servicio de la ley. Nos encontramos, pues, ante uno de esos maridajes entre ficción y realidad que tan buenos resultados parecen dar en las últimas producciones televisivas.

> «Pienso por mi cuenta, llevo pistola y he mandado a varias personas al corredor de la muerte. Quizás pued[a] molestar a alguien, pero es así.»
>
> La auténtica Allison DuBoi[s]

Médium **o los apuros de una sufrida madre de familia por mantener a raya a sus hijos... sin echar mano de sus poderes.**

Sin embargo, la serie no puede considerarse en absoluto una *biopic,* aunque su creador, Glenn Gordon Caron, se basase en *Don't Them Kiss Good-Bye* (*No les des un beso de despedida*), uno de los libros en los que DuBois ha narrado buena parte de sus experiencias como médium. Al fin y al cabo, como ella misma ha afirmado en alguna ocasión, «ninguno de los episodios puede interpretarse en clave autobiográfica; simplemente se basa en algún hecho real. El tratamiento de los personajes se acerca bastante a lo que es mi vida, pero no hay que olvidar que la magia de Hollywood está ahí y que lo cambia todo».

Así pues, ¿qué hay de real y de ficticio? En principio, si nos basamos en las notas de producción y en los numerosos testimonios de los protagonistas, tan sólo habría que considerar como *fidedignos* a los personajes principales. Si, en cambio, echamos un vistazo a las críticas esgrimidas por diversas asociaciones de defensa del pensamiento racionalista, la verdadera Allison DuBois no sería más que una impostora y, por lo tanto, *Médium* no sería más que una serie policíaca que ha sabido romper con las convenciones del género y que resulta muy entretenida, algo que, por nuestra parte, jamás pondremos en duda.

Me llamo Earl: desempolvando el *karma*

«¡Mal karma, tío! ¡Qué mal karma!», repetía Neal, el estudiante *hippy* de *The Young Ones*, cada vez que sobrevenía un desastre. Razón no le faltaba: en algunas ocasiones parece como si el destino se vengase por algo que hicimos en el pasado. Pero ¿y si pudiésemos arreglarlo?

Por muy duro que sea reconocerlo, uno de los rasgos más característicos del ser humano no es precisamente la habilidad para disfrutar de una vida plácida y serena, sino todo lo contrario. De nada sirve que dispongamos de lavaplatos, neveras, ascensores, coches o sillones con automasaje: vivir sigue siendo una actividad bastante difícil, extraña y, sobre todo, incomprensible, por mucho que se obstinen psicoanalistas, expertos en terapias alternativas, asesores laborales y otros expertos por el estilo.

No nos engañemos: ningún guru de medio pelo nos ayudará a cambiar de vida. El secreto de la felicidad no reside en la dieta vegetariana ni en el taichí ni en hacer ingresos a una ONG. Si queremos alcanzar ese estado de beatitud que todos parecemos ansiar, tan sólo necesitaremos... un número de lotería premiado que no podamos cobrar. O al menos eso es lo que parecen indicarnos los productores de *Me llamo Earl* (*My Name is Earl*).

«Si no ayudas a una anciana a cruzar la calle, puedes ser golpeado por otra anciana que conduzca un camión de veinte toneladas. Piénsalo.»

Ea

La historia de su protagonista no puede ser más aleccionadora al respecto. El bueno de Earl –interpretado por Jason Lee, toda una estrella del cine independiente estadounidense– es un pobre patán que no sabe hacer nada con su vida: casado sin saber cómo, padre de dos hijos que no son suyos, visitante habitual de la comisaría del condado y bebedor moroso en la taberna del barrio, recibe la iluminación tras haber sido atropellado por un coche... justo en el momento en que le había tocado la lotería.

¿Mala suerte? Todo lo contrario: a partir de ese momento, Earl puede darse por el hombre más afortunado del planeta, ya que cree que se le ha asignado la maravillosa misión de enderezar todos los errores que haya podido

Las peripecias de los personajes de la serie nos ayudan a comprender que debemos ser buenas personas si deseamos vivir mejor. Y que *karma* no es precisamente una canción de Boy George.

cometer en su vida con un método un tanto sui generis que la mayor parte de las veces desemboca en situaciones absurdas que bordean el caos más absoluto que acaban por resolverse de la manera más desquiciada.

Considerada como uno de los mayores exponentes contemporáneos del llamado «humor inteligente», la serie creada por Mark Auckland y Greg García ha sabido ganarse el reconocimiento del público y de la crítica sin sacrificar ni un ápice de su gusto por los personajes extravagantes y las tramas absurdas.

Sin embargo, la clave de su éxito reside en su optimismo a prueba de bomba. Al fin y al cabo, todos hemos soñado alguna vez con ajustar cuentas con nuestro propio pasado. Y ya se sabe, la pequeña pantalla, entre otras muchas cosas, está para ver cómo se realizan nuestros sueños. Aunque sea en forma de esperpento.

Otros títulos en Ma Non Troppo – Showtime

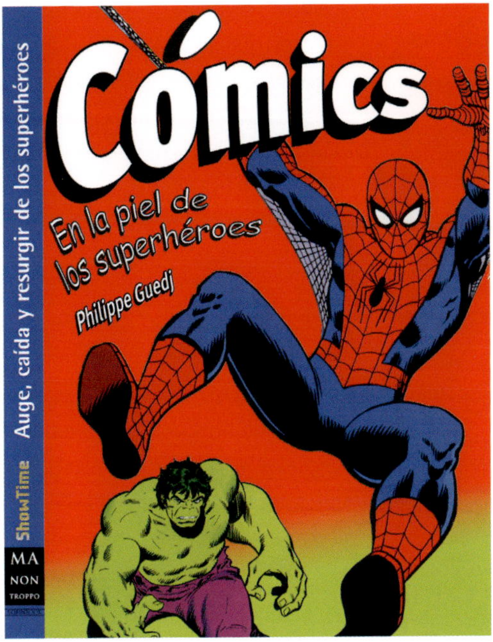

Cómics. En la piel de los superhéroes
Philippe Guedj

Series de culto no es una simple guía, va más allá. Las series son un gran espectáculo trufado de anécdotas relacionadas con el rodaje o la producción. ¿No le gustaría saber por qué *Star Trek* se mantuvo en pantalla a pesar de que sus dos primeras temporadas fracasaron estrepitosamente? ¿O qué sucedió después de que J.R. recibiese un balazo en el último capítulo de *Dallas*? ¿O por qué la Casa Blanca se interesó por los guiones de *Sensación de Vivir*? Si es así, está de enhorabuena: éste es su libro.

Películas clave del cine de terror moderno

Desirée de Fez

El terror es un género subestimado, pero también uno de los más prolíficos, ricos y variados. Este libro se centra en la etapa que abarca desde el estreno de *La noche de los muertos vivientes* (1968) hasta la actualidad, el llamado cine de terror moderno. Cuatro decenios prolíficos, guiados por maestros como Tobe Hooper, John Carpenter y David Lynch y trufados de películas del calibre de *La semilla del diablo, La matanza de Texas* y *El exorcista.*

Películas clave del cine de ciencia ficción

Sergi Sánchez

Un repaso a la historia del género a través de cien títulos imprescindibles, ordenados cronológicamente. Cada texto incluye ficha técnica, sinopsis, anécdotas y comentarios que ayudan a entender la relevancia de cada película en el contexto de la ciencia ficción cinematográfica. Completa esta visión panorámica treinta perfiles de actores, directores, escritores y técnicos de efectos especiales que han colaborado en la titánica tarea de concebir universos donde la lógica y la emoción se dan la mano.

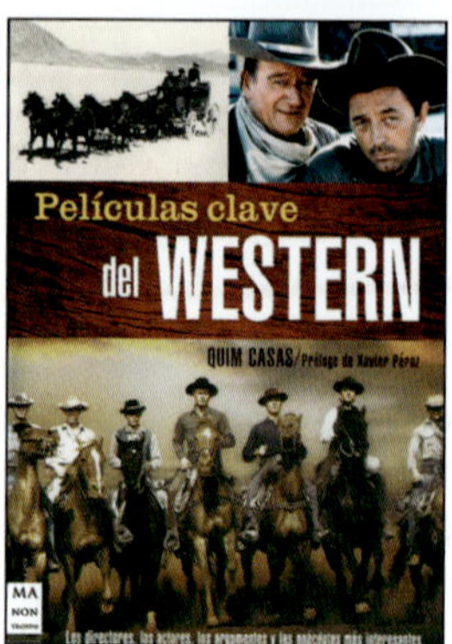

Películas clave del western

Quim Casas

Un largo y panorámico recorrido por la evolución del género a partir de cien películas clave del mismo.

Pero el *western* no sería nada sin sus actores, directores y escritores, sin quienes pusieron las palabras y dieron voz y gesto a los personajes legendarios. El libro incluye también textos sobre treinta verdaderos iconos del género, de John Ford a Clint Eastwood pasando por Henry Fonda, Gary Cooper, James Stewart, Anthony Mann o Sam Peckinpah.

Las grandes películas

Roger Ebert

En esta obra sorprende que coexistan filmes infantiles, juveniles, clásicos y de vanguardia. Es una elección más orientada a indagar en cien grandes producciones que en una siempre difícil y dudosa selección de las mejores películas. Roger Ebert despliega su cultura cinematográfica con todo tipo de informaciones sobre las películas, las vidas de los directores e interesantes episodios de los rodajes que arrojan luz sobre aspectos desconocidos de los mismos.

Las grandes películas 2

Roger Ebert

Este libro prosigue el camino que Ebert inició con el volumen anterior, *Las grandes películas*. En esta segunda entrega, el autor pone nuevamente a disposición de los lectores su exquisito talento a la hora de seleccionar las películas más interesantes de la historia del cine. En definitiva, una obra apasionante en la que Roger Ebert proporciona las herramientas necesarias para ver y apreciar las películas más emblemáticas de la cinematografía mundial.

El libro juego del cine

Pierre Murat y Michel Grisolia

El libro juego del cine le permitirá saber todo acerca del séptimo arte; desde los géneros, el montaje, los realizadores y los mitos, entre otros aspectos interesantes. Ponga a prueba sus conocimientos de cultura del celuloide con divertidos juegos y curiosas preguntas. Bellamente ilustrada con más de 300 fotografías a todo color, esta original e interactiva historia del cine le ofrece la oportunidad de comprender mejor la más popular de todas las formas de arte.